RET 1980,

LE
FAUBOURG MYSTÉRIEUX

LE VAMPIRE

DU VAL-DE-GRACE

PAR LÉON GOZLAN

PARIS

COLLECTION HETZEL

E. DENTU, LIBRAIRE AU PALAIS-ROYAL

GALERIE D'ORLÉANS, 13 ET 17

LE
FAUBOURG MYSTÉRIEUX

**

Tous droits réservés.

PARIS. — IMPRIMERIE DE J. CLAYE RUE SAINT-BENOIT, 7

LE
FAUBOURG MYSTÉRIEUX

LE
VAMPIRE
DU VAL-DE-GRACE

PAR

LÉON GOZLAN

PARIS
COLLECTION HETZEL
E. DENTU, LIBRAIRE, AU PALAIS-ROYAL
Galerie d'Orléans, 13 et 17
1861
**

LE VAMPIRE

DU

VAL-DE-GRACE

I

On cherche le fantastique bien souvent là où il n'est pas, et on oublie de le demander là où il vient naturellement, comme l'herbe dans les plaines et le sable au bord de la mer. Les maisons de santé l'ont connu longtemps avant le sombre Prussien Hoffmann et l'Américain Edgar Poë, qui méritaient l'un et l'autre, à tant de titres, une place d'honneur dans ces établissements destinés au traitement des aberrations mentales. Quel autre endroit du monde, en effet, réunit dans le même espace autant de variétés de maniaques, de lunatiques, de rêveurs, de névralgiques, d'êtres bizarres, de folles et de fous, et de fous et de folles de toutes les espèces, de toutes les nuances : fous d'orgueil, fous et folles d'amour, fous d'ambition ? Et, par un privilége spécial, les maisons de santé, véritable patrie du fantastique, ont le commencement et la fin de toutes les insanités de ce monde. C'est là qu'on les met lorsqu'on a encore quelque espoir de les guérir ; c'est là qu'on les conduit quand leur guérison n'est pas complète, tandis que les maisons purement spéciales de fous, comme Bicêtre et Charenton, ne reçoivent les malades de l'esprit que lorsqu'ils ont perdu pour ainsi dire leur numéro d'ordre dans la vie, qu'ils ne comptent plus, qu'il n'y a plus à s'occuper d'eux que comme choses et non comme intelligences.

Il ne sera question ici que des bizarreries et des singularités humaines, mais des singularités rares, précieuses, et comme sauraient difficilement en offrir les récits du coin du feu pendant les plus émouvantes soirées d'hiver. Cette vanité m'est peut-être permise. Je ne crée pas mes histoires, je les donne comme elles me sont venues ; je ne suis pas auteur, je ne suis qu'un simple historiographe.

Nous étions au commencement de l'année 1849, année bien jaune de teint. Le choléra et l'anarchie politique régnaient ; Paris n'offrait pas un séjour fort gai, malgré les drôleries dont certains législateurs le régalaient chaque jour.

A cette époque donc, qui se caractérisera plus nettement elle-même dans le cours de ce récit, nous vîmes arriver, par une chaude journée de mai, et l'on sait si le mois de mai de 1849 fut ardent à Paris, une famille étrangère, composée du père, de la mère et d'une jeune fille. C'était la famille Kanali. La mère venait se faire traiter d'une affection nerveuse, la fille d'une chlorose ; le père se portait à merveille.

Il parut naturel qu'il accompagnât sa femme et sa fille dans un établissement où elles venaient pour suivre un traitement toujours d'assez longue durée. On les installa tous trois.

Singulier moment que celui qu'ils avaient choisi pour venir chez nous! L'épidémie prenait des allures fort peu rassurantes dans son développement, très-éloigné encore de toucher au terme final, car elle allait bientôt au contraire grandir et s'étendre dans des proportions redoutables. Pourquoi, sous de pareilles menaces, ces étrangers venaient-ils dans une maison comme la nôtre, dans une maison qui avait été forcée de mettre plus de cent cinquante lits à la disposition des malades? Pourquoi y venaient-ils, lorsque leur position leur permettait de se réfugier ailleurs, à de moindres frais de dépense et sans s'exposer aux dangers d'une semblable résidence? Que d'autres maisons plus sûres ne leur offrait pas notre grande ville, si leurs affaires les obligeaient absolument à y séjourner pendant quelque temps! D'ailleurs la maladie de la mère et celle de la fille ne me paraissaient pas assez graves, pas assez difficiles à traiter pour demander à n'être soignées que chez nous. L'air salubre de la campagne surtout eût hâté leur guérison ; jamais la campagne, pour le dire en passant, n'avait été plus belle, plus riche, plus faite pour attirer ceux qui n'avaient pas la liberté de s'éloigner beaucoup du foyer de l'épidémie.

Le choix de notre maison, par la famille Kanali, était donc une véritable énigme pour moi, une énigme d'autant plus obscure, que nos nouveaux pensionnaires jouissaient visiblement d'une aisance réelle, d'un bien-être à les autoriser à vivre où il leur plairait. A bon droit j'étais étonné de cette détermination de la part d'une famille où je voyais une mère très-susceptible, par son organisation nerveuse au plus haut degré, de gagner tous les maux imaginables, et une jeune fille d'une si rare beauté, qu'il y avait pour ainsi dire crime à la laisser exposée aux coups d'un fléau qui n'avait pitié de personne ; mais je fus plus étonné encore, si c'est possible, quand j'appris que la famille Kanali, avant de venir chez nous, avait habité l'hôpital du Val-de-Grâce, où la maladie régnante avait fait et faisait autant de victimes qu'à sa première apparition en 1832. C'était véritablement à confondre ! Qu'était-ce donc que cette famille qui ne pouvait se passer de cohabiter avec le péril ?

C'est à expliquer. Je vais le faire :

M. Fabricius Kanali, le chef de la famille de ce nom, sur les recommandations officielles du gouvernement autrichien, avait obtenu du nôtre la faveur de venir étudier à

Paris le caractère de l'épidémie. Sa témérité avait pour raison ce but médical et philanthropique. Il serait mieux de dire qu'elle avait ce prétexte. Je dirai bientôt pour quel motif réel il s'exposait, ainsi que sa famille, aux atteintes d'un mal presque inévitable, en se logeant avec elle au milieu de nous.

C'était un homme à part que ce docteur Kanali, et il mérite, je crois, qu'on prenne la peine de l'arrêter un instant au passage, ne fût-ce que pour l'indiquer seulement à grands traits. Il avait alors une cinquantaine d'années environ, mais on pouvait se tromper de beaucoup sur son âge, tant il était frais, rose, d'une tournure jeune, tant il avait parfois de souplesse et de légèreté dans ses mouvements. Je dis parfois, car M. Fabricius Kanali, que nous appelions quelquefois le docteur Kanali, changeait de caractère et d'expression avec une inconcevable rapidité. Tantôt il se montrait gai, amusant, sémillant, plein d'entrain, de fougue, ruisselant de saillies ; tantôt il était réfléchi, grave, lent dans son regard et dans ses paroles. Il allait avec la violence d'une tempête de la sentence au calembour, au coq-à-l'âne le plus étourdissant ; et il terminait souvent une citation latine ou grecque par une pirouette sur les talons ou un entrechat. Le professeur partait tout à coup de son repos et devenait un paillasse ou un clown ; il quittait le fauteuil où il dissertait pour bondir sur la table comme un charlatan de place publique.

Il n'était pas facile de dire de quel pays venait M. Kanali ; il n'avait aucun accent : ni la prononciation anglaise, ni la prononciation allemande, encore moins la prononciation italienne, celle qu'il aurait dû plus naturellement avoir. Il s'habillait avec soin, mais, pour un homme sérieux et chargé d'une mission très-sérieuse, il aimait un peu trop, à mon avis, les couleurs voyantes, jeunes, pimpantes : cela sentait le comédien de province. Je l'ai vu porter des gilets à raies jaunes et blanches, des pantalons gris-perle et des cravates de nuances tout à fait printanières. Je l'appelais souvent, à cause de cette frivolité de costume, le docteur Lindor. Il ne s'en fâchait pas ; bien au contraire, il encourageait cette plaisanterie en chantant : *Je suis Lindor, ma naissance est commune!* Mais l'air achevé, il sortait méthodiquement de sa poche une large tabatière d'or sur laquelle on voyait le portrait d'un vénérable savant à barbe blanche, Galien ou Hippocrate, et il prenait une prise d'un air solennel. Et d'autres fois, s'arrêtant au beau milieu d'une conversation scientifique, il lui arrivait, après avoir pris du tabac, de fermer brusquement sa tabatière avec le coude à la manière grotesque des comiques de bas étage et de fredonner : *J'ai du bon tabac dans ma tabatière.*

Au commencement, ces façons si extraordinairement dissemblables me surprirent au point de me faire douter du bon sens de notre hôte ; plus tard, m'y étant habitué, je m'y arrêtais beaucoup moins. D'ailleurs, ces excentricités me furent expliquées par le passé ou plutôt par les passés du personnage. Comme la terre qui le portait, et dont il était pétri ainsi que nous tous, il accusait, par son humeur prismatique et son caractère, diverses époques de transition ; il portait en lui les traces de son terrain primitif et celles de son terrain tertiaire. Sa vie avait été bouffonne et réfléchie, studieuse et fardée. Ainsi se traduisait par lui-même cet homme mobile et bigarré ; excellent au fond par nature, généreux, sympathique ; décousu, sans doute, mais laissant échapper par ses déchirures les pièces d'or de la bonté.

Mme Bela Kanali, beaucoup plus jeune que son mari, n'avait aucune conformité de caractère avec lui : c'était une personne calme, une de ces femmes qui sont résignées avant le malheur, d'une tranquillité rêveuse, et, pour la faire connaître d'un seul coup, une de ces figures détachées d'un tableau sur bois de Hemling ou de van Eyck, les maîtres peintres de l'immobilité sainte, les grands poëtes de l'extase.

Je vais dire maintenant ce qui se passa pendant ma première entrevue avec les Kanali, peu de jours après leur installation dans la maison de santé. Leur domestique vint me prier de monter à l'appartement qu'ils occupaient, tout à fait à l'extrémité occidentale de la grande cour intérieure, et dans un angle du bâtiment d'où l'on découvrait les marronniers et les catalpas de plusieurs vastes jardins entièrement détruits depuis les derniers bouleversements de terrains qui eurent lieu lors de l'ouverture des nouveaux boulevards. Les trois croisées du salon, où ils passaient

1.

une partie de la journée et toutes leurs soirées, étaient ouvertes. Il régnait dans cette pièce plus qu'une demi-obscurité. On avait éteint les lampes, sans doute pour permettre à la lune, dont le lever était d'une vraie magnificence ce soir-là, d'éclairer seule, de sa lumière recueillie, ce salon où les bruits de la maison n'arrivaient presque pas. En d'autres temps, je l'eusse regardé très-certainement comme l'endroit le plus agréable à habiter, ainsi, du reste, que tout l'appartement. Mais l'époque où l'on vivait en altérait toute la valeur. L'infirmerie était placée juste en face, et les malades la peuplaient déjà en grande partie. Cette longue galerie de sinistre façade, aux rideaux uniformément blancs, ces croisées, qui, en s'ouvrant, laissaient toujours voir au fond de la perspective un lit, une tête de malade, ou un infirmier, ne présentaient pas aux gens logés vis-à-vis un horizon bien enviable, surtout en mil huit cent quarante-neuf, quand derrière ces rideaux s'accomplissaient et se renouvelaient à chaque minute des drames de douleur.

Nous avions loyalement prévenu les Kanali de l'inconvénient du voisinage. Le chef de la famille reçut l'avis d'une façon bien singulière ; je dirai plus, il y eut presque de la satisfaction dans le ton avec lequel il y répondit. J'en fus tellement surpris que la pensée me vint — oui, elle alla jusque-là — qu'il s'était peut-être arrangé pour avoir tout exprès un logement placé en regard de la grande infirmerie. Mlle Marthe Kanali n'exprima aucune espèce d'opinion quand on l'informa du voisinage qu'elle aurait. Sa mère seule parut très-émue ; un frisson vert parcourut ses membres ; elle pâlit jusqu'aux mains ; mais, ce grand effroi passé, elle montra un calme d'airain, comme si la fatalité eût passé par là.

Quand j'entrai au salon, M. Kanali, en veste de basin blanc, était renversé à l'orientale sur le divan et savourait un cigare. Le bonheur n'a jamais porté plus allégrement sa digestion. La fumée qui se dégageait en longues spirales d'argent de ses paresseuses lèvres, après s'être jouée un instant dans les rayons lunaires, diagonalement tirés du ciel sur le parquet, courait se perdre dans l'espace en moutonnant par petites vagues au-dessus de la tête de sa fille, assise tout près de la croisée. Mlle Marthe avait abandonné sur ses genoux le livre qu'elle avait lu jusqu'au moment où la lumière du jour le lui avait permis. Une amère mélancolie immobilisait son visage aux trois quarts éclairé par la blancheur de l'astre des tristesses amoureuses ; et ces deux mélancolies semblaient se confier en effet des choses d'amour et de regret.

Mlle Marthe Kanali réunissait sur ses traits, et fondues avec un grand charme d'originalité, la fierté italienne, la solidité allemande et la grâce française. Cette dernière nuance, pour me servir d'une expression tirée du vocabulaire des peintres, *glaçait* les deux autres et les poétisait d'une harmonie adorable. Ses yeux noirs, d'un vif méridional, éclairant une figure d'une blancheur ferme, accusaient l'origine du père de sa mère, un Italien de la Dalmatie, et celle de sa mère, une Hongroise. Fabricius Kanali avait jeté sur le tout le vernis de la grâce française.

C'était évidemment la souffrance d'amour qui avait pâli cet heureux visage, et la chlorose, qui était venue renforcer le mat de sa blancheur, n'était encore que la souffrance d'amour contenue.

Marthe Kanali devait aimer, beaucoup aimer : nous qui étudions de près toutes les maladies, dont nous sommes pour ainsi dire les porte-clefs, nous devinons aussi cette douce et dangereuse maladie; seulement nous ne la guérissons pas, nous ne la guérissons jamais. Or, Marthe aimait, tout le disait pour elle, ses cheveux négligemment disposés autour de sa tête, sa tête inclinée dans la vapeur lumineuse où elle se plongeait, son cou penché vers ce profond infini qui attire toute passion, parce que toute passion est un vertige entraînant vers l'abîme, ses mains mollement abandonnées sur ses genoux.

Elle ressemblait beaucoup à sa mère, mais comme l'aurore ressemble au crépuscule du soir ; il n'y a pas d'analogie plus grande, il n'y a pas de plus grande différence. Mme Kanali devait son expression à une jeunesse sans ressemblance avec celle de sa fille. Elle avait habitué sa vie à d'autres aspirations que l'amour ; sa langueur venait des profondeurs de l'âme et non des passagères inquiétudes du cœur. C'était toute une longue méditation que ce front ombragé de cheveux gris bien avant l'âge. Le visage seul demeurait jeune ; la tête avait plus vécu que le visage, parce que la pensée avait trois fois l'âge du corps. Cette pensée n'était pas de celles qui se fatiguent et se voûtent à creuser la vie réelle : elle avait fouillé d'autres mondes ; elle en avait rapporté bien des doutes et bien des épouvantes, particularités que je n'appris qu'avec le temps. Voilà pourquoi j'en parle avec tant de certitude par anticipation. Je ne prétends rien deviner : ces caractères que je retrace m'étaient connus avant de prendre la plume pour les dessiner dans un coin de la page. Je me borne seulement à introduire le lecteur qui me suit dans l'étonnement où j'entrai moi-même à ces premiers instants de mon entrevue avec les membres de la famille Kanali.

Au-dessus du fauteuil qu'occupait Mme Kanali s'était perché un oiseau qu'elle avait apporté avec elle et qu'elle paraissait affectionner beaucoup. Cet oiseau était une chouette, aux yeux jaunes et mélancoliques, au bec blanc terminé par une pointe noire. Étrange choix qu'un pareil oiseau ! De temps en temps cette chouette ouvrait ses paupières ridées, et alors ses yeux de feu, entourés d'un cercle noirâtre, se démasquaient, et son regard immobile, rouge et lugubre, dardait dans l'obscurité.

— Monsieur Morel, me dit Mme Kanali avec un accent légèrement teinté d'italien, mais un peu plus guttural parfois que l'italien, monsieur Morel, je vous ai fait appeler pour savoir de vous à quelle heure on ferme la maison de santé.

— Elle ne ferme jamais, madame.

J'amenai par ma réponse une grande et pénible contrariété sur le visage de Mme Kanali.

— Comment? jamais! dit de son côté M. Kanali en se levant.

— Entendons-nous; je veux dire par là, me repris-je au plus vite, que ses portes restent ouvertes à tous ceux qui se présentent, quelle que soit l'heure de la nuit. Mais la grille se ferme à dix heures, à neuf heures dans l'hiver.

— Très-bien! dit Mme Kanali un peu plus rassurée et en regardant le ciel où la lune montait toujours plus brillante et plus large.

— Très-bien! dit M. Kanali d'un ton beaucoup moins solennel et en bon bourgeois qui ne dédaigne pas les serrures.

Il se remit à fumer.

— Et du moment où les grilles sont fermées, personne n'entre ? continua à s'informer M#me# Kanali.

— Non, madame, personne ne s'introduit plus sans sonner.

— Ni sans se faire connaître ?

— Ni sans se faire connaître.

M#me# Kanali poursuivit :

— Et n'entre pas qui veut, même en se faisant connaître ? Cela dépend, n'est-ce pas, monsieur ?

— Sans doute, madame, sans doute, cela dépend...

M#lle# Marthe avait constamment souri d'un petit air de dédain à toutes ces questions adressées avec des craintes diverses par ses parents.

M#me# Kanali recommença ses questions :

— Et les murs qui entourent la maison sont-ils très-élevés ? les murs extérieurs ?...

— Ah ! oui, madame, très-élevés, je vous l'affirme.

— C'est bien vu, murmura Mme Kanali.

— Très-bien vu, répéta M. Kanali, en examinant si son cigare ne s'éteignait pas.

— Cependant de ces grands arbres que j'aperçois d'ici, continua Mme Kanali, on pourrait s'élancer sur la crête des murs, et par ce moyen s'introduire...

— Madame, ces arbres, qui vous paraissent si près de nous parce qu'il est nuit, sont en réalité à une assez grande distance, et je vous affirme de nouveau qu'il n'y a pas de voleur, si hardi qu'il fût, qui oserait...

— Oh ! ce n'est pas les voleurs que nous craignons, m'interrompit Mme Kanali avec la même lenteur de parole, et tandis qu'un regard d'effroi courait dans ses yeux, au-dessus desquels la chouette, depuis quelques minutes, ouvrait et fermait les siens avec une sinistre gravité.

— Quant aux voleurs, répéta à son tour M. Kanali, quant aux voleurs, nous ne nous en inquiétons guère, en effet. Mme Kanali a raison.

Et M. Kanali, sans rien changer à sa pose

horizontale, lâcha un éclat de rire suivi d'une bouffée de tabac qui remplit l'appartement et au milieu de laquelle on ne vit plus flotter que les deux ronds de feu qui indiquaient la place des yeux de l'oiseau nocturne.

II

Ah çà ! que craignent-ils donc, me demandai-je, si ce n'est pas les voleurs qu'ils craignent ?

Après un temps de réflexion pendant lequel je crus m'être éclairé, je continuai à demi-voix en me plaçant le plus possible entre M. et Mme Kanali.

— Je ne vois alors, leur dis-je à tous deux, que les amants qui aient pour habitude de franchir les murs afin de s'introduire auprès de celle qu'ils aiment.

— Monsieur Morel ! m'interrompit de nouveau Mme Kanali en posant avec force sa main émue sur mon bras et sans abaisser la voix, précaution de convenance que j'avais cru, moi, devoir prendre, de peur d'être entendu de sa fille ; non ! il n'y a pas que les voleurs et les amants qui soient à craindre dans ces temps d'épreuve terrible que nous traversons par la volonté de Dieu. Puis, comme si le geste complétait chez elle la pensée, elle regarda la sombre rangée de fenêtres de la grande infirmerie où s'éteignaient tant d'existences au milieu de cette nuit, pourtant si limpide et si belle au dehors.

— Oh! ma foi si! c'est bien les amants qu'il faut craindre, dit M. Kanali, mais on y veille, et si jamais...

— Fabricius! reprit avec solennité Mme Kanali, Fabricius! il n'y a pas qu'eux à craindre, vous le savez.

Après avoir laissé tomber ces dernières paroles de ses lèvres, Mme Kanali courut embrasser sa fille; elle la serra avec des élans de tendresse contre son cœur, dont j'entendais battre les sourdes palpitations.

Pendant cette effusion, la chouette, jalouse peut-être de ces preuves d'affection qui n'étaient pas pour elle, fit entendre son cri ordinaire, ce cri si peu agréable à entendre sortir la nuit du fond de quelque monument en ruines : *Crou, crou, crou !* et la double huppe tigrée de sa tête s'ébouriffa avec un bruit et des frissonnements étranges de plumes.

Tout en entourant sa fille de ses étreintes maternelles et de ses caresses, Mme Kanali ne cessait de porter ses regards sur les pâles murs de l'infirmerie. Elle posait son effroi de place en place et comme de lampe en lampe allumée derrière les rideaux. Quel rapport, me demandais-je pendant cette scène d'attendrissement et d'effroi, y a-t-il entre la crainte effarée de cette mère pour son enfant, crainte à laquelle je ne sais plus quel motif donner, puisqu'elle n'appréhende ni les voleurs ni les amants, et cette galerie de mourants placée devant nous ? Mlle Marthe examinait tantôt sa mère avec un intérêt mêlé d'une inquiétude obscure, et tantôt son père avec un sentiment empreint d'une volonté résolue.

Décidément, je commençais à ressentir une espèce de malaise voisin de la peur, au milieu de ces trois personnages ; je pourrais dire de ces quatre personnages, car l'oiseau de nuit comptait bien pour un, tant il occupait de place dans la famille Kanali. Ma présence devenant inutile du moment où je l'avais rassurée, comme je l'avais pu, sur la sécurité de la maison de santé, je jugeai à propos de me retirer.

Je sortis de l'appartement.

M. Kanali m'avait suivi. Il m'arrêta à quelques pas de la porte, et là il me dit, de façon à n'être entendu ni de sa femme ni de sa fille :

— Vous n'êtes pas habitué à avoir des hôtes comme nous dans votre maison, je parie ?

— J'avoue, répondis-je, qu'au premier abord vous ne ressemblez guère aux personnes...

— Nous ne ressemblons à personne, m'interrompit M. Kanali d'un air sérieux, mais en corrigeant subitement ce mouvement grave par un coup familier sur mon épaule. Nous ne ressemblons à personne, reprit-il, bien que nous ne courions pas le moins du monde après l'originalité. Mais il y a dans la vie des origines, des positions, des événements qui donnent aux individus des aspects incroyables. Êtes-vous entré quelquefois dans une salle de spectacle quand la pièce était commencée ?... Oui, n'est-ce pas ? Eh bien ! vous avez vu autour de vous des gens qui riaient ou qui pleuraient en écoutant cette pièce, tandis que vous, vous n'y compreniez rien, et vous étiez tenté de dire : « Mais ces gens-là sont fous de prendre intérêt, de rire, de s'émouvoir à ces choses-là qui n'ont aucun sens ! » Eh bien ! la vie de chaque famille est un drame ou une comédie qui se joue; vous ne comprenez rien à cette comédie ou à ce drame parce que, mon cher monsieur Morel, vous êtes entré longtemps après le rideau levé. Tout vous paraît décousu en nous, monstrueux, extravagant. Que ne puis-je vous faire revenir de votre erreur ! Si je vous expliquais ce que vous ne savez pas... Pour le moment, ne faites pas grande attention, mon cher monsieur Morel, à ce que vous venez d'entendre d'un peu bizarre là dedans. Causons tous deux raison un instant.

— Volontiers, monsieur le docteur.

— Laissons le docteur, je vous prie.

— Comme il vous plaira.

— Vous me faites l'effet d'un bon vivant.

L'entrée en matière était originale.

— En ce moment-ci, les bons vivants, répondis-je un peu surpris de l'épithète, sont exposés à devenir, en quelques heures, de très-mauvais vivants.

— Non, reprit M. Kanali, non ; vous avez un bon masque.

— Comment ? un bon masque !

— Oui, une figure admirablement propre au théâtre : de petits yeux brillants, pleins de feu...

— Chacun les a, comme il peut, dis-je avec quelque humeur. L'examen me paraissait assez drôle.

— Vous avez le nez en vrille.

— Monsieur ! m'écriai-je...

— Ne vous fâchez pas ! les nez en vrille sont précieux, excellents ; ils inspirent la gaieté, l'expansion, la joie ; on rit avant que la bouche que ces nez couronnent ait parlé. Tiercelin, le grand acteur Tiercelin, avait le nez en vrille ; Préville, le nez en vrille ; Brunet, le nez en vrille ; Rébard, qui vient de mourir, le nez en vrille, le plus beau nez en vrille dont jamais visage ait été doué. Et non-seulement vous avez le nez en vrille, mais, comme eux, perfectionnement superbe ! vous avez le menton ridiculement pointu.

— Permettez, ah ! permettez, monsieur ; cette description...

— Vous auriez joué les Sainville et les Arnal avec une supériorité assurée.

— Ah çà ! est-ce que vous auriez l'intention de m'engager à jouer la comédie ? dis-je, forcé à la fin de prendre la chose en plaisanterie.

— Ah ! monsieur Morel, la comédie ! connaissez-vous rien de plus excellent au monde que de la représenter ? Quel art ! quelle profession ! Je n'en mets aucune au-dessus de celle du comédien. Le public ! la rampe ! le bruit de l'orchestre ! l'émotion de voir qu'on vous écoute, qu'on vous applaudit, qu'on vous aime ! Il n'y a pas de succès qui égale celui du comédien. J'ai vu Potier, j'ai vu Brunet, j'ai vu Baptiste ; je les ai suivis, je les ai étudiés, eh bien ! j'aimerais mieux être Brunet ou Potier que...

Il s'arrêta. Allait-il m'apprendre, à la fin de sa période enthousiaste, qu'il avait joué, lui aussi, la comédie ? Il reprit d'un ton moins personnel :

— Les théâtres de Paris sont-ils florissants en ce moment ? Il y a près de vingt ans que j'ai quitté la France, je ne suis plus au courant...

— Je fréquente peu les théâtres, mes occupations m'en tiennent éloigné. Mais je puis vous assurer cependant, sans craindre de beaucoup me tromper, qu'ils ne sont pas en train de s'enrichir, placés comme ils le sont entre la crise politique dont nous ne sommes pas encore sortis, et la crise épidémique où nous venons d'entrer.

— Le Palais-Royal, par exemple, ce théâtre si suivi de mon temps ?...

— J'ai entendu dire qu'il jouait dans le désert.

— Les Variétés ?

— Fermées.

— Le Vaudeville ?

— Son dernier directeur s'est fait limonadier.

— Et le Gymnase ?

— Pas plus heureux que les autres.

— Je les ai vus si florissants !

— Vous les fréquentiez donc beaucoup autrefois, que vous prenez un si sincère intérêt à leur fortune ?

M. Kanali me répondit d'une façon discrète :

— Oh ! beaucoup ! — Ah ! c'était le bon

temps, ajouta-t-il en regardant le ciel, auquel il envoya un soupir qui dut monter au plus haut étage de la maison. C'était le bon temps !

Je crus devoir respecter le long silence dont il fit suivre cette dernière expression de regret. M. Kanali le rompit brusquement par une question qui fit sur moi l'effet d'un coup de canon tiré aux oreilles au moment où l'on s'y attendrait le moins.

— Pourriez-vous me dire, monsieur Morel, me demanda-t-il, l'endroit où se réunissent les fossoyeurs après leur ouvrage ?

Je restai interdit ; je crus n'avoir pas compris sa question.

Il la recommença.

— Je vous demande si vous connaissez à Paris le lieu de réunion où se rendent les fossoyeurs pour prendre en commun leur repas.

Cette fois, j'avais compris ; mais prenant la question, à cause du ton dont elle était faite et à cause du sujet dont nous venions de parler, pour une véritable plaisanterie, je n'y répondis que par ces paroles dilatoires :

— Je vous dirai cela plus tard.

Et je me mis à descendre l'escalier.

M. Kanali me rattrapa à la troisième marche :

— Mais je suis très-sérieux, me dit-il, très-sérieux en vous parlant ainsi.

Quel diable d'homme ! pensai-je ; pourquoi donc tient-il tant à savoir où se réunissent les fossoyeurs ? Qu'est-ce donc que cette monstrueuse curiosité, que cette fantaisie extravagante ?

— Est-ce que vous auriez l'intention de les employer pour votre propre compte ? demandai-je à M. Kanali.

— Peut-être, monsieur Morel, peut-être, mais pas comme vous l'entendez.

— Il n'y a pas deux manières de l'entendre.

— Croyez-vous, monsieur Morel ?

— Je n'en connais qu'une seule pour ma part : quand on les emploie, c'est pour se faire...

— Taisez-vous, monsieur Morel, taisez-vous ! ne rembrunissons pas le présent ; il est assez sombre comme il est. Quant à moi, acheva M. Kanali en fredonnant un refrain qu'il emprunta à Béranger :

Je suis vivant, bien vivant, très-vivant!

Voyons, dites-moi où je rencontrerai ces *messieurs*; j'ai le plus grand besoin et le plus grand désir de les voir.

Je savais parfaitement où se réunissaient ces *messieurs*, comme venait de les appeler le docteur Kanali; mais cette fois encore, supposant toujours qu'il voulait, malgré ses protestations contraires, rire et s'amuser de moi, j'éludai de nouveau sa question, qui resta sans réponse précise.

Vous verrez plus tard qu'il ne riait pas.

Je tenais beaucoup à savoir, je l'avoue à la honte de ma curiosité, pourquoi la famille Kanali avait échangé le séjour pompeux du Val-de-Grâce, un véritable palais, pour celui de notre maison de santé, une mince résidence bourgeoise en comparaison. Il y a au Val-de-Grâce des appartements princiers, un service de maison royal, un jardin immense où l'on se promène sous de belles charmilles taillées sur le modèle de celles de Saint-Cloud, des points de vue à l'infini de quelque côté que la vue se porte. Elle passe à vol d'oiseau par-dessus la grande ville pour planer, ailes déployées, à l'ouest sur les bois de Versailles et de Meudon, au midi sur des campagnes vertes et riantes. Que cachait cet échange sans raison plausible ? Et remarquez que, pour étudier l'épidémie, le docteur Kanali était bien plus heureusement placé au Val-de-Grâce, où il y avait toujours plus de deux mille malades, que chez nous, qui étions loin d'atteindre ce chiffre imposant.

Il est probable que je n'aurais jamais connu la cause qui lui avait fait préférer une résidence à l'autre sans le hasard de la circonstance que je vais rapporter.

Un médecin du Val-de-Grâce qui avait été attaché dans le temps au service médical de notre maison vint un jour nous faire visite. Ce fut une belle occasion pour moi de contenter ma curiosité. Ce médecin s'appelait M. Sainson.

Je l'interrogeai, et mon désir fut satisfait au delà de ce que j'attendais. M. Sainson me dit tout bas qu'il y avait de l'amour et de la magie dans le motif qui avait obligé le docteur Kanali à quitter brusquement un beau matin le Val-de-Grâce. De l'amour et de la magie ! c'était plus que n'en demandait un obscur infirmier comme moi, peu gâté par les surprises de la vie, pour écouter de toutes ses oreilles. De l'amour et de la magie! mais je n'avais jamais été à pareille fête.

— M. Kanali, me dit le docteur Sainson, M. Kanali, dont vous devez connaître maintenant le caractère, eut soin, à son arrivée au Val-de-Grâce, qui fut précédée des meilleures recommandations des grands corps médicaux de Vienne, de se faire bien venir des nombreux serviteurs de la maison. Il est riche : il répandit les petits cadeaux à profusion autour de lui, il multiplia les politesses. L'appartement où il se logea lui permettant de recevoir, il donna à dîner deux fois par semaine à ses amis du dehors, composés en grande partie des docteurs étrangers venus comme lui à Paris en mission épidémique, auxquels se joignirent les principaux internes de la maison. Ces réunions offraient d'autant plus de charme que la crainte de la contagion avait rompu au dehors tous les liens des intimités établies. C'est son effet ordinaire. On se fuit, on s'isole, l'homme a peur de l'homme. S'il reste quelques lieux de douce réunion, alors ceux qui ont le bonheur d'y être admis se rapprochent, se resserrent, se font égaux, se font meilleurs, et mettent comme enjeu dans cette partie, qui peut à chaque instant être leur dernière partie, tout ce qu'ils ont de précieux dans le cœur et dans l'esprit. Voilà pourquoi il se noue à ces heures périlleuses des amitiés impérissables si elles survivent, et il se contracte des alliances d'âmes plus vives encore que l'amitié. Jamais on ne voit plus de mariages, cela a été observé, qu'aux époques qui succèdent aux grandes calamités de ce genre.

Parmi les invités aux réunions du docteur Fabricius Kanali, on remarquait un jeune interne entré depuis deux ans au Val-de-Grâce, jeune homme intelligent, beau garçon, taillé en Apollon, et, comme l'Apollon de la fable, il cultivait les arts avec supériorité : bon peintre, bon musicien, bon chanteur. On le nommait César Caseneuve. Caseneuve eût été parfait sans un défaut que je ne tarderai pas à vous dire, un bien grand défaut dans sa position. Mlle Marthe l'avait distingué de tous les externes, internes, docteurs français et étrangers admis aux réunions de son père ; et franchement cette passion n'avait rien en soi de bien extraordinaire, ni surtout de bien criminel. Elle a dix-huit ans, lui vingt-huit. Ajoutez à l'attraction qu'exercent l'un envers l'autre deux jeunes gens de leur âge, le privilége de pouvoir se réunir pendant cette triste année 1849. Aussi s'aimèrent-ils de toute l'affection qui n'existait presque plus chez personne à ce moment-là. Elle leur fut pour ainsi dire léguée par tous, pour être partagée entre eux deux seulement. Ils recommencèrent alors ce beau poëme de l'amour, qui a pris naissance avec le monde et qui ne finira qu'avec lui. Et ils parcoururent ce livre divin par un sentier étranger et difficile, afin, eût-on dit, qu'il leur semblât plus amer et plus savoureux à la fois, et pour que chaque passage allât plus mémorablement au cœur après avoir ainsi traversé des milieux hérissés de dangers. Ces dangers, pour eux, c'était la mort sous toutes les formes, puisqu'ils en habitaient le domaine. Et ils n'avaient pas, comme les jeunes patriciens et les gracieuses Italiennes de Boccace pendant la peste de Florence, la joie égoïste de se dire : « On expire tout autour de nous, mais nous, heureux privilégiés de la vie, nous bravons le danger derrière plusieurs rivières infranchissables, derrière deux ou trois forêts bien épaisses ; au milieu d'un cercle de fleurs, d'oiseaux, de soleil, d'eaux vives, d'ombre tiède, de parfums salubres et d'émanations vivifiantes ; » non, ils n'avaient pas le droit de se dire cela. Marthe et César Caseneuve s'aimaient avec l'abandon des dernières heures, car chacune de ces heures pouvait être, en effet, pour eux la dernière.

Qu'on juge si l'expression est ici exagérée. On avait placé dans le cabinet du docteur Kanali une espèce de compteur qui lui annonçait, par un timbre de pendule, chaque décès qui avait lieu dans les salles : eh bien ! pendant près de deux mois, il est arrivé que toutes les cinq minutes cette pendule sinistre a sonné un coup. Le calcul n'est pas difficile à établir ; près de trois cents vides se produisaient donc chaque jour au Val-de-Grâce. Il n'y a que de grandes batailles qui en soient là comme déficit si souvent renouvelé.

M. Kanali, qui n'avait pas manqué de remarquer le goût de Caseneuve pour sa fille Marthe et le tendre penchant de sa fille pour celui-ci, n'apportait aucun obstacle à cette mutuelle sympathie des deux jeunes gens. Loin de là, il cherchait au contraire le plus qu'il pouvait toutes les occasions de rendre son intérieur plus agréable au jeune médecin. Il avait pour lui des attentions relevées par une grande cordialité, trop grande peut-être pour le peu de temps qu'ils se connaissaient, bien que la nature expansive du docteur expliquât à beaucoup d'égards cet excès d'intimité. Le beau-père perçait déjà sous le plumage un peu jeune de l'ami de quelques jours.

Mme Kanali faisait beaucoup moins de frais pour attirer et retenir César, sans pour cela mettre de l'opposition aux bons procédés que son mari avait pour lui. Il y avait combat chez elle dans sa manière d'être avec le jeune interne. Il était impossible, par exemple, à Mme Kanali de ne pas laisser paraître sur son visage la souffrance et l'appréhension qu'elle ressentait lorsqu'il arrivait, lorsqu'il entrait au salon, impression pénible qui s'étendait souvent jusqu'à la terreur, qui allait même jusqu'au point de l'obliger à se retirer pendant quelques minutes. Mais il était rare aussi qu'elle ne cherchât pas ensuite dans le courant du dîner ou de la soirée, fâchée de s'être conduite ainsi, l'occasion de faire oublier à l'excellent jeune homme une réception rien moins que bienveillante. Malheureusement, c'était toujours à recommencer. Le lendemain, les jours suivants, même accueil terrible, mêmes retours affables et cordiaux. Fallait-il en conclure que Caseneuve rappelait à Mme Kanali quelqu'un qu'elle abhorrait, qu'elle craignait et qu'il lui était tout à fait impossible de surmonter en elle l'horreur causée par cette ressemblance? C'est ce que les événements sans doute nous apprendront.

III

A ces contrariétés près, auxquelles il avait fini par ne plus s'arrêter, Caseneuve était l'amoureux le plus radieux de la terre. L'épidémie, qui réduisait l'heureux interne à ne sortir que très-rarement pendant le jour et jamais la nuit, lui rendait sa prison bien douce et bien chère. Elle n'eût pas été seulement pour lui le Val-de-Grâce, elle eût été encore le val du bonheur sans le défaut que je vous ai annoncé, véritable imperfection, réel malheur chez un jeune homme destiné comme lui à exercer la profession de médecin. Voici ce défaut : César avait une peur affreuse de gagner le mal redoutable qui régnait alors, le mal dont il était chargé de guérir les autres, peur sans limite, sans fond, indescriptible ; la peur le blémissait, l'effarait, l'épouvantait. Il en avait la sueur froide, le frisson, le délire au cerveau, et cela presque continuellement.

Le nom seul de l'épidémie indienne, cette épidémie qui remplissait alors les salles dont il avait la surveillance, le paralysait des pieds à la tête. A chaque instant il se croyait atteint, frappé mortellement, perdu. Ce jeune homme, qui s'était battu avec l'énergie d'un vieux soldat pendant le mois de juin de l'année précédente, dans les rangs de la vaillante garde mobile, sur la place du Panthéon, tremblait comme la feuille quand il lui fallait approcher du lit d'un malade. S'il était resté au Val-de-Grâce quand l'épidémie y éclata dans toute sa violence, c'est qu'il avait été contraint de se soumettre à cette dure obligation par un oncle très-riche dont il dépendait. Cet oncle, ancien médecin aux armées, n'entendait pas que son neveu eût peur de quoi que ce soit. Malgré cela, et quoique César dût en hériter, César eût fini par quitter à coup sûr son service d'interne au Val-de-Grâce, s'il n'eût fait connaissance, au moment de s'enfuir, de Mlle Marthe Kanali.

Quand cet amour, un premier amour, pénétra dans l'âme de César Caseneuve, s'il n'en chassa pas précisément la peur, locataire tenace, il partagea du moins la place qu'elle occupait. Il y eut même des instants où il semblait échapper au vertige de cette colossale peur. Et Dieu sait pourtant si la crise épidémique diminuait autour de lui ! Mais il attendait la nuit avec une si grande impatience pour se rendre chez le docteur Kanali, que la journée lui était moins rude à franchir. Aussitôt la nuit venue, il y courait, et près de la jeune et charmante Marthe ses terreurs étaient oubliées. On jouait aux cartes, aux échecs, on faisait de la musique, on causait sciences, voyages, littérature, on riait, on s'amusait beaucoup enfin dans les salons du père de Marthe. Chaque nuit seulement, à un moment donné, les rires, les joyeux propos, la musique s'arrêtaient tout à coup : c'étaient les chariots qui entraient.

L'interruption avait lieu régulièrement à onze heures.

Vous savez, continua M. Sainson, que c'est à cette heure déjà assez avancée de la nuit que ces chariots accomplissent leur besogne. M. Sainson se servit du terme exact avec lequel on désigne ces sortes de longues voitures de transport. Je ne vois pas pourquoi je ne me servirais pas comme lui du même terme, c'est-à-dire du mot *tapissière*. Voici quelle était la fonction de ces tapissières ; elles devaient recueillir dans tous les hôpitaux de Paris un certain nombre de victimes frappées dans la journée par le souffle impitoyable de l'épidémie et les emporter.

Quand ces tapissières avaient chargé leur fardeau, ceux des invités qui n'étaient pas de service reprenaient le fil de leurs distractions un instant brisé, et restaient ensuite jusqu'au jour à boire du punch, du thé, à faire le whist, le boston ou l'écarté.

C'est alors aussi que le docteur Kanali répandait autour de lui les flots de sa verve et de sa gaieté. Il avait construit un petit théâtre de marionnettes dont il était à la fois le directeur et la troupe. Sur le bout de ses doigts, dont vous avez sans doute remarqué la maigreur et la souplesse intelligente, il plaçait des poupées, et il les faisait parler à la croisée de son théâtre de toile avec toute la comique loquacité et la bouffonnerie exagérée des pitres italiens qu'il avait eu occasion de connaître et d'étudier en Italie.

Tout sujet lui était bon ; on lui en jetait un, et il improvisait des scènes souvent excellentes, imitant à ravir l'accent et les gestes des acteurs et des actrices ridicules qu'il avait entendus. Plus tard, je fus beaucoup moins surpris de toutes ces excentricités-là quand je sus, — on finit par tout savoir, — que Kanali avait été autrefois comédien sous le nom de Belleville. Il avait fait partie d'une troupe d'acteurs français en Italie.

— Comment ! m'écriai-je, le docteur Fabricius, comment ! M. Kanali a été... L'étonnement sécha la fin de ma phrase au fond de mon gosier.

— Il a été acteur comique dans une troupe ambulante ; mais, poursuivit le docteur Sainson, je n'appuierai pas sur cette particularité parce que j'ai hâte d'arriver à ce que vous tenez sans doute le plus à savoir, c'est-à-dire comment par le fait de l'amour et de la magie il a été forcé de sortir du Val-de-Grâce pour s'installer chez vous.

Connaissez donc comment cela se fit, et pour cela écoutez l'histoire de la petite Colombe.

La petite Colombe Val-de-Grâce apportait tous les matins à l'hôpital, à quatre heures l'été, à cinq heures l'hiver, des petits pains au lait que les internes attendaient avec une grande impatience, une impatience d'interne qui a faim, c'est tout dire. Depuis que les réunions du docteur Kanali avaient lieu, la jeune porteuse ne manquait pas d'être introduite avec sa petite hotte sur l'épaule au milieu même du salon, où c'était une joie de la soulager de son fardeau. On brisait debout, on dévorait en causant ces délicieux petits pains encore tout parfumés de la savoureuse tiédeur du four.

Colombe Val-de-Grâce était une fille extrêmement remarquable par sa beauté et l'élégance de sa taille élancée à la façon des sveltes cariatides de Jean Goujon, ce Grec de Paris. C'était une bénédiction de grâces et de perfections répandues sur elle. Il faut remonter jusqu'à la Fornarina de Raphaël pour trouver aussi charmant, aussi fin, aussi suavement beau qu'elle, que Colombe. Elle aurait mérité qu'un autre Raphaël fît de sa figure le pendant à une autre Fornarina. Le double miracle d'art et de beauté eût été complet. Ce second Raphaël ne s'est pas présenté.

Colombe devait son joli nom au hasard de sa naissance, qui n'avait pas été annoncée au monde sous les lambris dorés du Louvre ni sous les rideaux de soie de Versailles. Une nuit d'hiver, des gens de travail, des ouvriers corroyeurs qui passaient tout transis par le faubourg Saint-Jacques remarquèrent, accroupie au pied de la grille du Val-de-Grâce, une femme qui se tordait, gémissait et souffrait de toutes ses forces. Ils s'informèrent auprès d'elle de la cause de ses plaintes, et, quelques minutes après, ces mêmes hommes sonnaient rudement, se faisaient ouvrir la grille et s'introduisaient, portant cette jeune femme dans leurs bras, dans une des salles basses. Il était temps; à l'instant même une jolie petite fille venait au monde, une pauvre enfant destinée, sans le secours providentiel qu'avait reçu sa mère, à mourir de froid sur les pavés glacés de la rue. On prit soin de l'enfant comme on avait pris soin de la mère. Mais celle-ci étonna tout le monde, quand, trois jours après, elle quitta clandestinement son lit et disparut, laissant l'enfant à la charge de qui l'accepterait. Vous supposez bien que l'enfant ne fut pas renvoyée ; elle resta où elle était venue. Quant à la fugitive, on ne s'occupa pas d'elle au delà de la curiosité et de la surprise d'une telle détermination : on se soucia fort peu de courir après une mère qui se souciait si peu de sa fille. Quelques jours après, on baptisa l'enfant de la rue, l'orpheline de la grille, sous le nom de Colombe Val-de-Grâce, parce que sa mère s'était donnée pour marchande de mouron pour les petits oiseaux quand on lui avait demandé quelques renseignements sur sa propre personne. De la nourriture des oiseaux on sauta, par le fait naturel de l'analogie, au nom d'un oiseau, et l'on s'arrêta à celui de Colombe pour nommer l'enfant. Rien de plus simple ensuite que d'ajouter à ce nom ailé celui de Val-de-Grâce, qui en constituait tout de suite un de famille, et quelle famille ! Val-de-Grâce !

Voilà Colombe Val-de-Grâce baptisée, grandissant à souhait sous sa chevelure blonde, vivant dans l'hôpital absolument comme elle eût vécu dans la maison de son père. Elle allait, venait, par les préaux, la lingerie, la chapelle, les corridors, les salles, le jardin; d'abord ce fut comme une petite chenille verte et rose qui se traîne au soleil, qui n'a pas encore la force de marcher; puis comme un papillon qu'on voit courir, paraître, disparaître partout au même instant. Cette enfant de personne devint, avec les années, l'enfant de tout le monde, et l'enfant adorée. Les infirmiers lui apprirent à lire, les internes à écrire, et les externes à danser. Cette danse n'avait pas toujours un caractère sacré, la correction la plus pure, mais Colombe n'en était que plus gracieuse en dansant et se trémoussant comme dans les bals publics des barrières. On se laissait aller à une véritable gaieté devant les poses délibérées de cette petite fée de cinq ans. Je vous l'ai dit, on l'adorait.

Son bonheur grandissait comme elle : c'était à qui lui donnerait, aux bonnes fêtes, ou un petit fichu rose, ou une jolie robe de tarlatane, ou des boucles d'oreilles en corail, ou un col brodé de Nancy.

Quand elle eut fait sa première communion à l'église de Saint-Étienne du Mont, le curé exigea avec un grand sens qu'elle prît une profession hors du Val-de-Grâce, ou qu'elle eût un emploi dans l'intérieur de la maison, préférant de beaucoup la profession à l'emploi.

On suivit ce dernier vœu; Colombe Val-de-Grâce fut placée chez un honnête boulanger du faubourg Saint-Jacques en qualité de porteuse de pains, profession très-vulgaire sans doute, mais c'est elle-même qui la choisit parmi tant d'autres qui auraient beaucoup mieux convenu à ses protecteurs. Elle aimait, disait-elle, marcher, monter, descendre, aller d'une maison à l'autre, se lever de bonne heure, porter une hotte de pains sur l'épaule. On mesura la fatigue à ses forces, et elle devint porteuse de petits pains au lait. C'était une merveille à faire souvenir des plus jolies fresques de Pompéia que de la voir sortir l'hiver, le matin, de la boutique de son patron, la hotte campée fièrement sur son épaule gauche et montrant son nez rose, ses jolies dents de petite lionne, ses yeux bleus, ses cheveux blonds, à travers le brouillard violet de novembre et la fumée qu'exhalaient ses excellents petits pains au lait. Ils étaient réellement supérieurs à tous ceux des autres boulangers des environs. On les vantait partout. La mode y était.

Le boulanger au service duquel était Colombe avait, en homme habile, profité de la vogue de la porteuse pour donner la vogue à ses produits. Celle-ci faisait valoir ceux-là. Aussi avait-il déjà gagné prodigieusement de l'argent et de la renommée, quand Colombe Val-de-Grâce lui signifia, avec toutes les circonlocutions imaginables, qu'elle allait se marier avec un jeune peintre en décors du quartier des Maçons-Sorbonne, et que par conséquent elle cesserait bientôt d'être sa porteuse de petits pains au lait.

Ce mariage devint l'événement du haut du faubourg Saint-Jacques, de la rue de l'Abbé-de-l'Épée et de la rue des Bourguignons. On en parla jusqu'aux Gobelins. C'était à qui ferait les vœux les plus sincères et les plus généreux en faveur de la séduisante et toujours sage petite porteuse de pains, arrivée tout doucement à sa seizième année.

Tout le monde, continua M. Sainson, fit

des vœux pour son bonheur, ai-je dit, tout le monde, excepté pourtant César Caseneuve; et le motif de cette abstention, c'est que César avait éprouvé un grand commencement d'amour pour Colombe qu'il connaissait et appréciait depuis trois ans, depuis qu'il était interne au Val-de-Grâce.[1] Mais il ne se prononça pas, il n'osa pas s'unir par le mariage à une fille de naissance si obscure et si douteuse, il attendit, il laissa passer le moment, et il arriva en fin de compte ce qui arrive toujours : que l'occasion manqua à qui l'avait manquée. Il n'était pas impossible que Colombe eût été bien aise de devenir sa femme ; on m'a assuré dans le quartier qu'elle n'avait pas vu avec indifférence les tendres assiduités de l'interne. Mais tout ceci demeura vague et indécis de part et d'autre.

Les choses, ayant tourné autrement, — comme le dit une vulgarité franche, — Colombe Val-de-Grâce fit un autre choix. Son mariage marcha très-vite. Mais, jusqu'au

1. M. Morel, l'auteur de ces Mémoires, s'est donc trompé lorsqu'il a dit que l'amour de César Caseneuve pour Mlle Marthe Kanali était son premier amour.

dernier moment, fidèle à la maison qui avait toujours été si bonne mère pour elle, elle voulut porter à ses protecteurs les petits pains au lait.

Voyez-la donc entrer une dernière fois au Val-de-Grâce, dont elle se préparait avec une tristesse heureuse à quitter le joli nom, et y venir, sa hotte chargée comme d'habitude, pour faire sa visite matinale aux invités de M. Kanali.

Je vous ai dit de quelle manière cordiale on l'accueillait toujours : jugez si elle fut reçue avec des marques d'amitié, mais cette fois mêlées de regrets, quand elle apprit au docteur Kanali et à tous les amis du docteur que c'était le dernier jour qu'elle portait ses pains. On l'entoura, on l'embrassa comme on le fait dans les plus chers adieux. Mme Kanali alla prendre dans ses écrins une parure de grenats achetée par elle à Carlsbad, où ces pierres se montent avec une habileté supérieure, et elle donna la parure à Colombe Val-de-Grâce. Ne voulant pas rester comme générosité en arrière de sa mère, Mlle Marthe détacha de ses poignets deux bracelets en or surmontés de deux belles topazes en forme de poire, et les offrit à la délicieuse petite promise.

La pauvre enfant ne respirait plus ; elle tremblait, elle palpitait, elle pleurait de bonheur et de timidité, de joie et de confusion ; l'émotion trop forte la vainquit ; elle fut obligée de s'asseoir sur le divan. Ce repos de quelques instants n'apaisa pas son trouble ; on la vit pâlir, blanchir, se plaindre ensuite d'une grande oppression à l'estomac et regarder autour d'elle avec un étonnement caverneux. Le hoquet survint ; un hoquet dur, douloureux, incessant. Qu'était-ce donc ? mon Dieu ! Le tour de ses yeux bleuit, un grand froid l'envahit ; bientôt ses dents se heurtèrent l'une contre l'autre. Mais qu'était-ce donc ?... — C'est le choléra, dit tout bas à ses confrères le célèbre docteur Desroches en s'emparant de la main de Colombe, afin de mieux s'assurer qu'il ne se trompait pas. « C'est bien ça, répéta-t-il, elle est perdue. »

Colombe fut immédiatement transportée dans l'une des salles voisines ; elle avait déjà aux joues, au cou et sur les bras, rigides et froids comme la glace, les signes connus de la décomposition. Quatre heures après, elle n'existait plus. Le démon indien l'avait pressée entre ses bras jaunes et l'avait étouffée. C'était fini. La Colombe était morte.

En se tournant vers César Caseneuve et en lui montrant le corps glacé de la pauvre petite porteuse de pains au lait, le docteur Kanali lui dit à l'oreille : « Enfin, voilà mon affaire ! » Que signifiaient, grand Dieu ! de telles paroles en présence d'un tel tableau et d'une pareille douleur : « Voilà mon affaire? » Puis le docteur ajouta : « Il est six heures, soyez à la même place ce soir à onze heures. J'ai besoin de vous pour une grande opération. »

En attendant de raconter cette grande opération, nous allons dire, ou plutôt c'est le docteur Sainson qui va encore nous dire ce qu'était Mme Kanali, parce que Mme Kanali joue dans cette histoire un rôle dont il est temps de s'occuper dans l'intérêt général du récit et qui tient singulièrement de près à ce que le docteur Kanali désignait à l'étonné César Caseneuve par ces mots : une grande opération.

Mme Kanali, la mère de Marthe, était la

fille du fameux chimiste Salomon Kanali, dont elle avait conservé le nom en se mariant à un homme qui en portait un fort loin de ressembler à celui-là. Ce Salomon Kanali était né en Dalmatie, et après avoir fait de fortes études en tout genre aux savantes universités d'Italie et d'Allemagne, il avait obtenu de l'Autriche la chaire de chimie et d'histoire naturelle à l'archigymnase de Presbourg. Homme joignant l'imagination à la science, comme du reste la plupart des Dalmates, et appelé à professer dans un pays très-porté aux croyances exaltées, il avait donné en plein dans l'alchimie, cet admirable travers des grands esprits ; il était même allé au delà des frontières de l'alchimie, car il n'avait pas cherché à faire de l'or, mais une chose bien plus extraordinaire que la fabrication de ce précieux métal ; il avait poursuivi pas à pas, dans les cavernes de la méditation et le calme des longues nuits de lecture, un bien plus grand œuvre, le plus téméraire, le plus formidable de tous.

Convaincu avec tous les impies, quoiqu'il ne fût pas un impie, que les saints, les prophètes n'avaient opéré de résurrections qu'à l'aide de procédés scientifiques inconnus du vulgaire, et soigneusement tenus cachés à la foule, il avait cherché à ressusciter les morts. Il croyait même que le problème de la résurrection avait déjà été résolu dans l'ère moderne par quelques savants trop bien avisés pour en rien dire de peur d'être brûlés comme sorciers. A ses yeux, ce miracle, puisqu'on appelait cela un miracle, tout extraordinairement difficile qu'il était, n'était pas beaucoup plus difficile à réaliser que certaines opérations de chimie qui passaient pareillement pour des monstruosités, des sacriléges, des choses impossibles avant que l'expérience leur eût donné le soufflet retentissant d'un démenti. Il ne mettait pas le phénomène de la résurrection, comme difficulté vaincue, au-dessus des efforts de génie qu'il avait fallu à Colomb pour attester l'Amérique, à Newton pour affirmer la gravitation. Et il était parti de là pour s'enfoncer dans les recherches les plus ardues, les essais, les tentatives les plus bizarres et les plus hardies. Devint-il fou, ne devint-il qu'halluciné, qui le dira? Mais Salomon Kanali crut être parvenu à ramener du néant à la vie, et une fois, entre autres, à ressusciter un jeune homme mort depuis un mois. C'est une histoire inouïe dont nous retrouverons la trace et l'écho en plus d'un endroit de la vie de sa fille, qui non-seulement partagea avec lui cette croyance en la résurrection de l'homme par l'homme, mais se lança même dans d'autres croyances bien plus audacieuses encore, si c'est possible.

IV

Si Salomon Kanali, le célèbre professeur de l'archigymnase de Presbourg, ne rendit la vie à personne, il est certain qu'en cherchant jour et nuit les moyens d'opérer le phénomène de la résurrection, il arriva à des résultats prodigieux et surtout prodigieusement imprévus. Ainsi, en soumettant un être qui n'existait plus à une combinaison d'agents chimiques dont il expérimentait pour la première fois les propriétés, il rencontra le secret de Ruysch, le fameux anatomiste hollandais. Le secret de Ruysch consistait à rendre à un sujet tout à fait devenu inattaquable par la désorganisation l'âge qu'on voulait qu'il eût, pourvu qu'il l'eût atteint pendant sa vie. Ruysch lui rendait ou la fraîcheur de la jeunesse ou la gravité noble de l'âge mûr, ou la sérénité de la vieillesse. Quel avantage ! quelle supériorité n'avait pas ce procédé sur tous les procédés connus et pratiqués depuis les Égyptiens !

Lui seul donc, Salomon Kanali, avait retrouvé le secret de Ruysch en voulant dérober celui de Dieu. « On sait que Ruysch, dit le *Dictionnaire des sciences médicales*, possédait des moyens de conserver à nos tissus, après la vie, la mollesse et la plupart des propriétés qui en sont l'apanage. Lorsque l'anatomiste hollandais vendit son cabinet au czar Pierre Ier, il lui donna en même temps un manuscrit dans lequel il faisait connaître la composition de la liqueur conservatrice dont il se servait, et il déclarait expressément, dans ce manuscrit, que cette liqueur n'était autre chose que de l'esprit-de-vin, de l'esprit-de-drèche, auxquels on ajoutait seulement, dans la distillation, une poignée de poivre blanc. Mais il paraît que Ruysch n'avait pas donné la véritable composition de sa liqueur. Après lui, on crut avoir trouvé son moyen de conservation. Geoffroy, en 1731, fut chargé de faire des expériences; mais les résultats ne répondirent pas aux espérances qu'on avait conçues. »

Le hasard, cet autre grand inventeur, qui n'est pas natif de la Hollande, mais de partout, ayant livré le secret de Ruysch à Salomon Kanali, celui-ci en tira un parti merveilleusement fécond pour sa renommée et pour sa fortune, bien qu'il regrettât toujours au fond de l'âme de ne pouvoir consacrer tout son temps et de ne pas devoir toute sa célébrité à l'œuvre si ardemment par lui poursuivie de la résurrection.

Ceux qui ont vu des corps embaumés par ses mains enchantées disent tout haut qu'excepté l'âme rien ne manquait à ces belles créations de son génie. Les Égyptiens, beaucoup trop vantés, profanaient les parties les plus sacrées de l'homme, le cœur et le cerveau, pour conserver les moins nobles. Les modernes, sous prétexte d'embaumement, font de l'homme blanc qu'on leur livre un vrai nègre de la côte d'Afrique, un être en pur bois de palissandre ou en vrai bois d'acajou.

La gloire de Salomon Kanali, pas plus que celle des autres hommes, n'était à l'abri des morsures de l'envie. Ses ennemis lui objectaient que son moyen de conservation, bon peut-être dans certaines conditions climatériques, dans des temps ordinaires, ne tiendrait pas devant le venin du choléra indien, dont l'invasion menaçait alors la Hongrie. Jamais il ne parviendrait à neutraliser, lui disaient-ils, les effets du fléau transcangétique, de tous les fléaux le plus rapide, le plus désorganisateur, le plus habile à ravager de fond en comble, en quelques minutes, la face sublime que l'homme a reçue de son divin créateur. Dans tout vrai savant il y a un héros; quand ce n'est pas Pline, dévoré par le Vésuve, c'est Pilastre du Rosier, tombant de son ballon sur les bords de la Manche; Salomon Kanali accepta le défi. On n'attendait plus que l'épidémie; on ne l'attendrait pas longtemps; elle accourait avec tous les vents qu'elle rencontrait sur son passage : la crise de l'épreuve décisive approchait donc d'heure en heure.

Par malheur, Salomon Kanali s'attira, au moment de répondre au défi accepté, une bien déplorable affaire sur les bras. Ayant appris un jour par un paysan qui traversait les faubourgs qu'un voyageur venait d'être assassiné à quelque distance de la ville, à l'entrée d'une forêt appelée Ulmenbaum, il songea aussitôt à son secret de rappeler à la vie ceux qui n'étaient plus. Cette idée, qui ne le quittait jamais du reste, l'emporta sur toute autre idée, sur toute crainte même du haut clergé de Presbourg, qui l'avait menacé de ses foudres les plus lourds, de ses anathèmes les plus effroyables, de ses cachots les plus noirs, s'il ne renonçait pas résolûment à cette abominable impiété.

La nuit venue, il se dirigea par des sentiers sinueux vers la forêt d'Ulmenbaum, où il découvrit en effet, au bord d'une mare, l'homme tué quelques heures auparavant par les bandits. Il croyait ne pas être vu; il entreprit son œuvre, œuvre jugée diabolique, compliquée en outre de la durée de toute une longue et sombre nuit. Avait-il été suivi, lui qu'on épiait toujours? L'homme du faubourg lui avait-il tendu un piége? Quoi qu'il en soit, il fut surpris par une ronde chargée la nuit de la police de la campagne, au moment où il enfonçait une lame d'acier dans la blessure de l'homme assassiné pour y introduire sans doute quelque substance chimique. On s'empara de lui. Il fut accusé d'être l'assassin.

De là, procès criminel : vainement alléguat-il sa position officielle, ses mœurs jusqu'alors irréprochables ; comme il n'osa jamais avouer à la justice, de peur de ne pas rendre sa position meilleure, qu'il s'était trouvé sur le corps de l'homme de la forêt, non pour le tuer, mais bien au contraire pour lui rendre une nouvelle existence, il fut considéré comme le vrai coupable. Il y allait de l'échafaud, pas moins. On le regardait déjà comme perdu. Cependant, quelques jeunes gens des familles nobles de Bude et de Pesth, anciens élèves du docteur, parvinrent, à force d'or et de démarches, à le faire sortir de prison et à obtenir sa grâce. Il fit amende honorable, jura qu'il ne s'occuperait plus de résurrection ni d'alchimie, et pour donner des gages certains de l'existence régulière dans laquelle il promettait désormais d'entrer il se maria.

Il épousa une jeune personne d'Agram, qui comptait, elle aussi, un événement assez extraordinaire dans sa vie, et que nous allons dire.

Avant de se marier au docteur Salomon Kanali, elle avait dû se marier au comte de Markfeld. Ce comte de Markfeld s'était déjà marié deux fois, et deux fois aux plus charmantes filles d'Agram, la ville hongroise renommée pour la fine et aristocratique beauté de ses femmes. Au bout de deux ans de ménage, elles étaient mortes toutes deux de langueur, disait-on; d'autres cherchaient une cause moins précise à ces fins si promptes, mais ils ne la trouvaient pas. Cependant, pour belles que fussent ces femmes, elles étaient fort loin, toutefois, de l'égaler lui-même en perfections de corps et de visage. Sans l'étrange blancheur de son visage, blancheur mate, sans analogie avec les pâleurs connues, il n'aurait eu à redouter la comparaison avec aucun marbre de l'antiquité; et chose bien particulière, quoiqu'il allât se marier pour la troisième fois, on eût dit qu'il n'avait pas vieilli d'une année, d'un mois depuis son premier mariage. On lui donnait de trente à trente-cinq ans.

Outre ces particularités dont son amour-propre avait droit de tirer quelque orgueil, il en offrait deux autres d'un caractère plus personnel encore. Une tache rouge, d'un rouge vif, facile à prendre pour une goutte de sang, perlait toujours au coin gauche de sa lèvre; beaucoup de personnes prétendaient que c'était bien une gouttelette de sang. En ce cas, elle eût été impossible à étancher, car on la voyait toujours à cette même place, place où le comte de Markfeld portait constamment le bout d'un de ses doigts, comme s'il eût cherché à l'effacer.

Il allait donc se marier avec celle qui était destinée à être un jour Mme Kanali première, le femme du célèbre chimiste, quand la fiancée observa d'abord avec curiosité, puis avec une certaine inquiétude, enfin avec effroi, que son fiancé ne lui offrait jamais que la main gauche, soit au bal, soit à la promenade, et cela l'intrigua et la troubla d'autant plus qu'elle avait aussi remarqué que le comte de Markfeld n'était pas gaucher. A table ou au jeu, il se servait de sa main droite. Quelque adresse qu'employât la jeune fille pour s'emparer de la main droite du comte, elle n'y parvenait jamais. Cette main lui échappait sans cesse. Voilà la seconde des deux singularités dont il restait à parler.

Cependant, le temps des accordailles était passé, et le jour choisi pour la célébration du mariage à l'église métropolitaine de Saint-

Martin approchait. Le voilà arrivé avec toutes ses pompes. Saint-Martin s'illumine, les orgues chantent, dans le brouillard odorant de l'enceinte, leurs plus beaux psaumes. Le cortége de la mariée a pénétré dans le sanctuaire. Les jeunes époux sont déjà sous le dais : quel n'est pas l'étonnement de tout le monde, lorsque, au pied même de l'autel nuptial, l'époux, ou celui qui allait en recevoir le titre, le comte de Markfeld, au lieu de tendre la main droite à la jeune épouse, lui présenta encore la gauche ! C'était trop ; la mariée n'y tint plus : elle opéra un mouvement brusque sur elle-même, et s'empara de cette main droite qui se dérobait toujours. Horreur ! elle était dure et froide comme un glaçon : — « Prenez garde, » lui dit en même temps une voix venue d'une personne qu'elle ne vit pas, « prenez garde, mademoiselle, vous allez épouser un brucolaque, vous allez épouser un mort, vous allez épouser le vampire Bem Strombold. » La mariée, qui de ce moment ne fut plus la mariée, jeta un cri d'épouvante qui traversa l'église de part en part, et elle s'évanouit sous le dais d'or étendu sur sa tête. On la transporta chez son père.

L'église métropolitaine de Saint-Martin, se considérant comme souillée par la présence du vampire, resta fermée pendant quarante jours, au bout desquels elle fut purifiée par l'eau sainte et les prières en usage.

Quant à Bem-Strombold, à l'aide d'un de ces prétextes comme on en a toujours à la suite d'un mariage manqué, il fut provoqué en duel par un des frères de la jeune femme et tué d'un coup d'épée. Mais on n'eut pas la précaution, après sa mort, de lui enfoncer un pieu dans l'estomac, oubli qu'on paya cher. Le brucolaque revint plusieurs fois parmi les vivants et causa de grands malheurs dans les familles. Nous allons voir la preuve de cette effroyable assertion dans ce qui arriva plus tard à la fille même de celle qui, par un bonheur providentiel, ayant évité de devenir la femme du vampire Bem-Strombold, épousa le docteur Salomon Kanali.

En vivant seule avec son père, devenu veuf de bonne heure, cette fille, qui fut la mère de Marthe, s'était formé un caractère fortement mêlé de pénétration et de rêverie, de profondeur et de mysticisme. Son père, quoiqu'il l'eût promis, quoiqu'il l'eût juré, n'avait renoncé ni à l'alchimie, ni à ses recherches sur la résurrection de l'homme par l'homme. Eh bien, l'éternelle préoccupation d'un autre monde dans cette jeune tête qui suivait dans son vol tous les écarts de son père ; — ce monde idéal, inconnu, apocalyptique, où elle vivait beaucoup plus que dans le monde réel, — l'avait peu à peu entraînée à croire tout naturellement aux choses surnaturelles : d'abord à croire, avec son père, à la résurrection par des moyens humains ; puis à croire au vampirisme à cause de l'histoire de sa mère, aimée et sur le point d'être épousée par le fameux vampire Bem-Strombold, et à cause de sa propre histoire à elle, que nous allons dire, elle née comme sa mère en Hongrie, la patrie des redivives, des brucolaques et des vampires.

Ce fut parmi les élèves de son père qu'elle connut le jeune Hermann de Rosenthal. Comment et pourquoi s'aimèrent-ils ? est une question à laquelle on répond par une autre question : Pourquoi ne se seraient-ils pas aimés ? Jeunes tous deux, charmants tous les deux, ils n'attendaient qu'une occasion pour aller l'un vers l'autre ; et l'occasion vint toute seule. Ils se voyaient trois fois par semaine aux leçons du docteur Salomon Kanali, et le docteur Salomon Kanali, comme tous les pères imaginables, ne s'aperçut qu'un jeune homme adorait sa fille, dont il était adoré, que le jour où celui-ci la lui demanda officiellement en mariage. Quoique M. de Rosenthal ne fût pas de la première noblesse du royaume, de la noblesse d'or, il appartenait à une famille assez haut titrée et assez riche pour effrayer le consentement du docteur, qui avait rêvé pour sa fille une position plus modeste.

Il donna pourtant son consentement, bien qu'il eût mieux aimé avoir pour gendre quelque honnête savant, tout luisant de physique et de mathématiques, capable de l'aider dans ses recherches.

Rosenthal n'était pas très-savant, lui; il aimait mieux une bonne chasse au chamois dans les montagnes qu'un travail assidu au fond d'une bibliothèque. Du reste, il portait tous les signes de son tempérament résolu; c'était un solide garçon, taillé dans le cœur de chêne des vrais chasseurs hongrois. Mais cette fermeté n'allait pas chez lui jusqu'à le rendre très-hardi auprès de celle qu'il avait choisie pour sa future compagne. Même devant son père, il n'avait jamais osé lui baiser la main : on s'étonnait, parmi ses camarades, de cette réserve, réserve si excessive que quelques-uns y cherchaient des interprétations bizarres, impossibles. La fille du docteur n'y voyait qu'une honnêteté d'âme dont elle lui savait gré et qui le faisait aimer davantage. Pour quelques autres, c'était de l'indifférence, de la froideur pour la fille du docteur Salomon Kanali. Il n'avait de véritable amour, disaient-ils, que pour la chasse. Lui-même semblait prendre à tâche de leur donner raison.

Il s'absentait souvent pendant quinze jours pour suivre à perte d'haleine, à travers lacs, marais et fondrières, la chasse de quelque jeune seigneur. Ses yeux bleus, d'une limpidité sauvage, ouverts dans l'ovale de sa figure incolore, lui faisaient une expression exceptionnelle au milieu des types si connus de sa race toute slave. Il lui manquait donc cette vigueur de teint dont nous avons pour habitude traditionnelle d'empourprer le visage des chasseurs. Ce n'était pas cela chez lui. Pareil au Chasseur-Noir de la ballade allemande, sa peau était unie et blanche comme s'il n'eût jamais poursuivi le cerf qu'à la blafarde clarté de la lune.

Cette grande passion pour la chasse devait lui être fatale.

Son mariage avec l'unique fille du docteur Salomon Kanali allait se conclure, lorsque, précisément, dans une chasse sur les bords du Danube, au château du comte Stork, il fut tué au sortir d'un fourré par un de ses amis, qui le prit sans doute pour un chevreuil dont il épiait le débuché. Sa mort frappa au cœur celle dont il allait être l'époux dans peu de jours. Elle tomba du désespoir dans la résignation, et de la résignation dans une longue mélancolie où sa santé se perdit. Elle dépérit à vue d'œil, malgré les soins qu'elle recevait et tous les moyens curatifs inventés par son père, savant médecin comme il était savant chimiste, pour arrêter cette consomption rapide. Il y eut de particulier dans cet état de langueur, où on la vit bientôt fondre comme une bougie à la chaleur du feu, qu'elle prenait une sérénité heureuse à mesure qu'elle maigrissait davantage. Elle se transfigurait : ses yeux s'allumaient plus vifs et plus étincelants ; ses joues s'embrasaient par moments sur leur pâleur profonde ; et elle se penchait souvent comme pour écouter quelqu'un qui lui parlait. Au contraire de tous les malades, elle attendait le retour de la nuit avec une impatience inquiète et agitée.

C'est lorsque son dépérissement eut atteint un très-haut degré de faiblesse, qu'elle dit un jour à son père, dans une confidence gênée et comme longtemps remise, qu'elle désirait beaucoup lui faire un aveu et lui demander un service. Encouragée très-affectueusement à parler, elle dit alors au docteur Salomon Kanali que depuis la perte toujours présente et toujours douloureuse d'Hermann de Rosenthal, elle le voyait chaque nuit en rêve et de la manière suivante : le fond noir de sa chambre s'ouvrait et s'éclairait d'une lueur grise et vaporeuse ; puis, à l'extrémité d'une allée prolongée très-au loin, elle apercevait Hermann se dirigeant avec lenteur vers elle. Il s'avançait sans bruit jusqu'au bord du lit, et là, écartant les rideaux dans le même silence, il se penchait sur elle.

Quoiqu'elle fût bien heureuse de le revoir, elle ressentait une terreur mortelle, insurmontable, à sentir ses lèvres se poser sur elle. Tantôt c'était au bras, tantôt au cou qu'elles s'appliquaient. Elles demeuraient collées à sa chair pendant un temps qu'elle ne saurait apprécier, dit-elle, mais qui lui semblait bien long. Cette bouche était glacée, et tout le temps qu'elle restait attachée, elle croyait entendre son sang tomber goutte à goutte et s'en aller.

— C'est un rêve comme tous les rêves, dit son père; lui chercher un sens serait folie; une folie d'autant plus à chasser de son esprit, ajouta-t-il, qu'elle l'entraînerait peu à peu à se croire, comme sa mère, victime de la domination acharnée, impitoyable d'un vampire; et ces rêves-là ne valaient rien.

Ne partageant pas tout à fait l'opinion de son père, qu'elle était seulement sous le joug d'un rêve, la future mère de Marthe poursuivit sa confidence, et, la continuant à voix basse, ainsi qu'elle l'avait commencée, quoiqu'il n'y eût là personne pour entendre, elle fit connaître à Salomon Kanali le service qu'elle attendait de sa constante et bonne affection. Puisque ses lumières, prétendait-il, l'avaient conduit à communiquer une seconde existence à ceux qui l'avaient perdue, il devait lui être beaucoup plus facile de la rendre à quelqu'un qui ne l'aurait perdue qu'à demi, comme Hermann. Ce jeune homme ne l'avait perdue qu'à demi, on peut dire, puisqu'il revenait chaque nuit et ne disparaissait qu'au jour, au chant du coq.

Quoique chérissant sa fille, le docteur Salomon Kanali fut péniblement affecté en apprenant le genre de service qu'elle attendait de lui. Ce n'est que par miracle, on s'en souvient, qu'il avait échappé aux rigueurs de la justice, pour avoir tenté d'opérer la résurrection du voyageur assassiné. S'exposer de nouveau... rien ne le sauverait plus s'il était pris.

Cependant la tendresse paternelle l'emporta sur la crainte : il s'engea à recourir aux efforts les plus violents, les plus téméraires de la science pour contenter le souhait de sa fille. Ses travaux commencèrent immédiatement, et sa fille espéra. Avant toutes choses à tenter sur le néant, il fallait qu'il s'assurât de l'état de conservation où était son ancien élève dans le monument que lui avaient élevé ses camarades. La nuit fut choisie pour cette préalable inspection. Étant sorti de la ville fort tard et seul, le docteur Salomon-Kanali parvint, au bout de quelques quarts d'heure de marche dans la campagne, à l'endroit voulu. Aucun espion ne l'avait suivi. Il descella, à l'aide d'une tige de fer qu'il avait apportée, une des lames de marbre qui formaient la base du monument, et descendit plusieurs marches. Arrivé à la dernière, il alluma un flambeau ; la voûte s'éclaira. Quel n'est pas son étonnement : le caveau est vide ! entièrement vide ! Personne !

V

Celui qui l'habitait en est parti; il n'y a plus là que le rameau de buis qu'il tenait entre ses doigts croisés, croyait-on, pour l'éternité. C'était bien ici, pourtant, se dit le docteur Salomon Kanali avec une surprise d'esprit égale à la plus formidable peur, que M. de Rosenthal avait été déposé... Il l'avait vu déposer lui-même. A quoi attribuer un pareil phénomène ? Pensif, les traits renversés, il rentra chez lui, et le matin il se hâta de tout raconter à sa fille. Celle-ci fut frappée un instant de la même stupeur ; mais aimant mieux croire que son père s'était trompé que d'admettre que son Hermann ne reposait pas à quelques lieues d'elle ; allant plus loin encore, supposant que son père, de peur de se compromettre de nouveau avec les magistrats, s'était servi du prétexte qu'il avait donné pour ne pas entreprendre son œuvre, elle feignit d'accepter son histoire ou plutôt, selon elle, son roman, et elle se rendit elle-même dans la matinée à l'endroit où son Hermann dormait doucement sous les arbres. Là elle chercha la pierre que son père disait avoir descellée, sûre qu'elle ne l'avait pas été... Cette pierre avait été dégagée d'entre celles qui la retenaient ! Elle descend courageusement les marches. La voilà dans le caveau. Elle regarde... son cher Hermann n'a pas changé de place. Ses belles mains sont toujours en croix sur sa poitrine, et entre ses mains se voit le rameau de buis bénit qu'elle y avait fait mettre, il y avait trois mois, quand on le conduisit sous cette voûte calme et froide.

Après une fervente prière, elle remonta sur la terre, rentra chez elle et dit à son père, avec l'amer mécontentement d'un cœur froissé par un mensonge, qu'il l'avait trompée. M. de Rosenthal n'avait pas bougé. Elle l'avait vu, elle venait de le voir.

Convaincu d'avoir rempli sa promesse envers sa fille, quoiqu'il en eût coûté beaucoup à ses scrupules, ce qu'il lui avoua sans hésitation, M. Kanali jura sur l'évangile qu'il ne l'avait pas trompée, et, pour preuve de sa véracité, il lui offrit de retourner ensemble au même endroit la nuit suivante. D'ailleurs, lui-même avait à cœur de bien se démontrer, sa fille étant avec lui, qu'il n'avait pas commis d'erreur dans son expédition. Sa fille accepta. Ils sortirent nuitamment des portes de la ville, gagnèrent la campagne et arrivèrent en silence au point désigné.

Avant de descendre, M. Kanali alluma une torche, chose qu'il n'avait faite la première fois que lorsqu'il fut descendu à l'intérieur, mais qu'il fit d'abord ce jour-là, de peur que sa fille ne vînt à glisser le long des marches, et tous deux s'enfoncèrent ensuite sous la voûte. Ils n'y demeurèrent pas longtemps. Peu d'instants après, le père et la fille reparaissaient, mais effarés, mais tremblants, mais blêmes de visage, comme si eux aussi eussent été les pâles habitants de la demeure souterraine d'où ils s'échappaient. Pourquoi cette terreur? Pourquoi?... Le caveau était vide.

Leur double épouvante s'explique d'elle-même, si l'on a suivi les événements qui précèdent ce dernier événement. Un homme apparaît chaque nuit à la fille du docteur; celui-ci ne le trouve pas pendant la nuit dans son caveau : celle-ci l'y trouve pendant le jour; la nuit suivante, ils ne l'y trouvent ni l'un ni l'autre; mais alors il n'y a plus à en douter : Hermann aussi est un vampire, un vampire comme Bem Strombold; c'est le même vampire qui s'acharne sur la fille comme il s'était acharné sur la mère vingt ans auparavant, et qui, au lieu d'avoir la main glacée comme il y a vingt ans, a aujourd'hui les lèvres glacées.

Pour comble de contrariétés malheureuses, la lueur de la torche allumée en plein air par le docteur Kanali appela l'attention et trahit sa présence et celle de sa fille à une heure superstitieuse de la nuit et dans un endroit bien suspect. On les avait aperçus, reconnus, dénoncés; ils n'eurent cette fois que le temps de s'évader. De rapides chevaux les emportèrent au delà des Alpes Juliennes. Ils se réfugièrent en Italie. Pour le docteur, habitué à la vie studieuse et calme de la lampe, un pareil déplacement était une révolution funeste dans sa vie.

Aussi, au bout de quelques années d'amertume et de découragement incurable, il mourut à Zara, son berceau natal. La science perdit un astre. C'est à sa fille qu'il laissa ses nombreux manuscrits, entre autres son grand Traité de la Résurrection, qui contenait supplémentairement celui de la conservation des corps par le procédé retrouvé du célèbre anatomiste hollandais Ruysch.

Un an après le décès du docteur, mort victime de son génie et de son dévouement paternel, sa fille, pour ne pas succomber elle-même sous le poids de tant d'épreuves diverses, appela autour d'elle, à la sollicitation de ses amis, quelques distractions. Au nombre de celles qu'elle se créa, il y en eut une entre autres dont les conséquences furent fort imprévues. Une troupe d'acteurs français, chassée de ville en ville par sa mauvaise étoile, était venue à Zara donner quelques représentations. Là, comme ailleurs, elle ne recueillit que la misère. Touchées du sort de ces pauvres gens, les dames de la ville ouvrirent en leur faveur une souscription, et à la tête de cette bonne œuvre elles mirent, pour la diriger, la fille de feu le docteur Salomon Kanali. A cette occasion, elle fit la connaissance du directeur de la troupe à la dérive et désemparée.

Ce directeur, comédien lui-même, était un jeune homme intelligent, plein de feu, fort bien de sa personne. On le nommait Belleville, si toutefois c'était là son vrai nom. Peut-être avait-il joué à Belleville, localité voisine de Paris, d'où l'origine de son nom topographique. Belleville et Mlle Kanali se trouvèrent donc en rapport. En se voyant souvent, ils se sentirent disposés à s'aimer. Un beau jour, Belleville osa se proposer pour mari; on ne le jugea pas trop hardi. La fille du docteur, libre de sa main et de sa fortune, accepta. Elle consentit à devenir la femme du comédien, à la condition expresse cependant qu'il prendrait en devenant son mari le nom de Kanali, hommage qu'elle crut devoir à la mémoire de son père, l'illustre Salomon Kanali. Le mariage eut lieu.

Dans les loisirs de sa nouvelle position, Kanali, deuxième du nom, se mit un jour à parcourir les manuscrits laissés par son beau-père; et c'est à la suite de cette lecture que l'idée lui vint de tirer profit pour son propre compte de quelques-unes des grandes découvertes dont il a été parlé. Celle des embaumements lui ayant paru la moins problématique, il s'y arrêta, l'étudia à fond, la creusa. Il demeura convaincu que là était sa fortune ou plutôt l'accroissement indéfini de sa fortune, car il était entré en possession de revenus considérables en épousant la fille du célèbre chimiste. Bien des années après son mariage avec elle, dix-huit ans environ, l'épidémie indienne étant venue à se montrer pour la troisième ou quatrième fois en Europe, on était alors en 1849, il songea sérieusement à exploiter l'admirable procédé de conservation des corps créé par son beau-père. Seulement, il évita avec le plus grand soin de le mettre en pratique soit en Hongrie, où il craignait d'avoir le sort de Salomon Kanali, soit en Italie, où c'était non moins dangereux. Toute liberté aime la France. Il vint donc à Paris en 1849, à l'époque de la réapparition du fléau asiatique dans cette capitale, et il alla, ainsi qu'on l'a rapporté au commencement de cette histoire, se loger au

Val-de-Grâce avec sa femme et sa fille, la jeune Marthe Kanali.

Il a été dit aussi de quelle manière large et distinguée, grâce à de bonnes lettres de recommandation de l'Autriche, obtenues sans nul doute par le crédit de sa femme, il avait été accueilli chez nous. Il fut traité en confrère, et il méritait cette faveur ; car pendant près de vingt ans de séjour en Dalmatie, en Italie et en Autriche, il s'était appliqué à étudier la médecine et les sciences sérieuses qui s'y rattachent, toutefois sans jamais perdre entièrement au frottement de ces travaux si élevés ni l'enjouement ni la bonne insouciance philosophique de sa première profession de comédien, qu'il adorait au fond du cœur, bien qu'il ne fût pas flatté qu'on en lui parlât sans quelque précaution, par respect pour la gravité de sa position nouvelle.

Kanali, qui comptait beaucoup, comme nous venons de l'expliquer, sur les beaux avantages qu'il prévoyait devoir retirer des embaumements et des rajeunissements posthumes, n'était donc entré au Val-de-Grâce que dans le but caché, mais unique, de faire des expériences sur les corps altérés par les atteintes du fléau dévastateur.

Installé dans son appartement, il s'occupa sans relâche de son projet. Il lui fallait avant tout un aide intelligent, spécial, discret, zélé, dévoué, qui appartînt à l'établissement, et surtout qui lui procurât des corps et les mît à la portée de ses expérimentations : César Caseneuve lui parut l'homme merveilleusement propre à le conduire à ce but. Il l'attira donc peu à peu chez lui, encouragea ses assiduités auprès de sa fille, et quand il fut sûr de le tenir par l'amour que lui avait inspiré Marthe, il jugea le moment favorable pour le faire son complice en l'associant, bien entendu, à sa gloire et à sa fortune.

Après le voyage indispensable que nous venons de faire avec le lecteur à travers le passé de nos personnages, nous voici revenus au point d'où nous nous étions écartés, c'est-à-dire revenus au rendez-vous donné par le docteur Kanali à César Caseneuve auprès du lit de Colombe Val-de-Grâce, foudroyée en quelques heures par l'épidémie. Ils devaient — si l'on s'en sou-

5.

vient — se rencontrer l'un et l'autre à onze heures au pied de ce lit.

Ils s'y rencontrèrent, en effet, à l'heure indiquée, qui était l'heure la plus convenable pour le coup de main médité depuis longtemps par le docteur. On allait et venait dans les salles; les médecins, les internes, les externes, les gens de service se croisaient en tous sens afin de suffire, et ils y suffisaient à peine, aux exigences formidables de ce moment difficile où des malades du dehors accouraient en masse et en désordre prendre la place encore chaude des malades qui ne l'étaient plus et qu'allaient emporter au loin ces longs chariots dont il a été parlé.

A quelques paroles murmurées tout bas par le docteur à l'oreille encore ahurie de César Caseneuve, celui-ci roula rapidement dans ses couvertures le corps délicat et charmant de Colombe Val-de-Grâce et le posa sur ses épaules. Personne dans les salles ne fit attention à ce mouvement, et, l'eût-on remarqué, on n'eût jamais deviné dans quel but il s'exécutait.

Précédé du docteur, César, qui n'avait

encore aucune idée précise du projet auquel Kanali l'associait, descendit en silence les marches placées entre la salle où l'on avait déposé Colombe et le jardin, et, avec la même discrétion contenue, ils poursuivirent à pas étouffés leur nocturne expédition le long des charmilles endormies et sur le sable muet des allées. A une certaine distance, César, s'apercevant avec étonnement de la direction que prenait le docteur, s'arrêta, et, se tournant vers lui, il lui dit :

— Mais, docteur, on dirait que nous allons à mon pavillon.

— Sans doute, et nous y allons aussi ; marchez.

— Et pourquoi ?... Pourquoi y allons-nous ?

— Vous le saurez dans un instant, marchez toujours.

— Mais...

— Marchez donc toujours, lui répéta le docteur du ton d'un homme qui n'a pas de temps à prodiguer aux menus plaisirs des objections.

César Caseneuve continuait de marcher derrière le docteur, mais il éprouvait une anxiété qui ne le quittait pas, en sentant s'appuyer mollement et trembler sur son épaule le corps si léger et si gentil de la petite Colombe, Colombe Val-de-Grâce, son premier amour, amour remplacé sans doute, mais ineffacé, l'amour rose apparu un instant dans le ciel si monotone et si blafard de ses premiers jours d'étudiant passés au fond de ce quartier Saint-Jacques, quartier de misère, de science, de résignation et d'amour. La sueur ruisselait en pluie intarissable de son front comme s'il eût marché en plein soleil; la nuit, il est vrai, était ardente comme à midi ; ajoutez l'inquiétude, le vague, l'inconnu d'une pareille situation au milieu du silence; ajoutez encore la peur, l'incurable peur de César pour l'invasion jaune, et vous aurez peut-être quelque idée de l'état moral de son être tourmenté. La demie de onze heures ayant sonné au petit clocheton aérien de la haute coupole, il fut saisi, à cette goutte de fer tombant sur lui, d'un frémissement si nerveux, si soudain, qu'il faillit laisser tomber sa charge avant d'arriver au pavillon.

Deux mots sur ce pavillon isolé, perdu à

l'extrémité du jardin, adossé au mur de la longue ruelle des *Charbonniers.* Il avait été cédé à Caseneuve ; on l'y avait relégué depuis qu'on avait pris sa chambre pour augmenter l'espace à donner aux malades devenus trop nombreux.

Maintenant, disons dans quelle intention le docteur avait jugé à propos d'en disposer quand il s'était écrié devant Colombe expirante : « Enfin, voilà mon affaire ! » Cette affaire était son expérience d'embaumement. Pour la réaliser, il ne s'agissait pas seulement de se procurer des corps, quoique cela présentât cependant d'assez notables difficultés, mais aussi et avant tout d'en détourner qui se recommandassent par une notoriété quelconque dans la ville, dans le quartier, afin que chacun, revoyant les traits de la personne rappelée en apparence à la vie et à la beauté, s'écriât : *C'est lui !* ou *c'est elle ! c'est bien cela ! c'est merveilleux ! c'est un prodige ! Il nous sourit ! Elle va nous parler !* La renommée, la célébrité, la fortune étaient là, infailliblement là, car, encore une fois, jusqu'alors, les prétendus embaumements, disaient Kanali et bien d'autres avec lui, n'étaient qu'une ridicule et hideuse mascarade au profit de l'acajou et de l'ébène. Les ébénistes seuls avaient le droit de garantir la ressemblance.

Continuons : un de ces corps marqués au coin de cette notoriété indispensable une fois trouvé, il y avait encore à s'assurer d'un endroit où l'expérience se fît sans qu'on fût vu de personne; c'était là une condition de la plus sérieuse importance, c'était la première condition. Les médecins en chef, les administrateurs ne se prêtent pas volontiers aux témérités des novateurs. Mais quel endroit choisir pour mener à bonne fin l'opération que rêvait depuis tant d'années, qu'allait tenter enfin Kanali ? Il n'était pas facile d'avoir dans la maison le terrain, l'espace, l'isolement propres à l'opération. Kanali songea au pavillon de César.

Nous pourrions maintenant donner l'ensemble de cette opération capitale, mais non indiquer exactement les divers éléments chimiques qui entraient dans la composition savante employée par le docteur d'après son illustre beau-père. On a supposé que Ruysch, dont Kanali possédait le secret, faisait entrer dans cette composition et dans des proportions strictement calculées : la myrrhe, l'aloès, le cardamome, le romarin, le styrax, le benjoin, le cypérus, le macis, l'impératoire, le tacamahaca, le cassia lignea, le scordium, le spica-nard, l'origan, l'énula-campana; mais Salomon Kanali noyait ces productions, la plupart orientales, dans un liquide qui n'était pas l'esprit-de-vin ou l'esprit-de-drèche, comme l'anatomiste hollandais, pour tromper la postérité, l'a indiqué dans son Mémoire à Pierre le Grand. C'était un autre liquide, et cet autre liquide, celui que Ruysch n'avait pas consenti à révéler, Fabricius Kanali, le gendre du grand Kanali, le connaissait, le gardait sous trois sceaux impénétrables, et se disposait à en faire usage cette même nuit-là, cette nuit pleine d'étonnements fiévreux et d'anxiétés sans nom pour César Caseneuve. Si nous n'avons pas à divulguer ici le secret de Kanali, nous dirons du moins le résultat qu'il en attendait avec une certitude garantie par d'abondantes probabilités déjà obtenues.

De tous les embaumements, le plus complet selon Kanali était celui qu'on appelle,

dans les traités spéciaux, l'*embaumement de la momie des sables*, c'est-à-dire la conservation que procurent les sables du désert, conservation due à la sécheresse dont ces sables privilégiés saisissent les corps. Ajoutez maintenant, à cette sécheresse donnée par le soleil, l'éclat du coloris retrouvé, et vous aurez conquis à la fois l'éternité de la durée et l'éternité de la jeunesse et de la beauté. « Dans les contrées de l'Afrique
« situées au-delà du Nil, dit le père Kircher,
« est un désert de sables dont les vagues
« immenses apparaissent dans un horizon
« sans limites semblables à celles de la
« mer. Agités par les vents, ces sables pro-
« duisent de si affreuses tempêtes, qu'ils
« engloutissent sous leurs amas énormes
« les voyageurs, les bêtes de charge et les
« marchandises. Les corps ainsi ensevelis
« sont desséchés après de longues années
« par l'ardeur des rayons du soleil, et par
« la vertu de ce sable brûlant. Ils se dessè-
« chent au point de devenir aussi légers que
« s'ils étaient de la paille. »

Mais ce que dit encore le père Kircher, c'est que ces corps ainsi calcinés deviennent noirs comme des Éthiopiens, désavantage qui détruit tous les bénéfices de la dessiccation.

Le côté nouveau et admirable de la sublime découverte du grand Salomon Kanali est donc en ceci, qu'on obtient par elle l'incorruptibilité produite par le soleil et par le sable du désert combinés, sans altérer le tissu et tout en lui rendant au contraire sa blancheur et sa coloration premières.

Voici maintenant l'étonnante face de cette découverte. On comprend que, n'ayant pas les siècles à venir et le soleil d'Afrique à sa disposition, il fallait que l'inventeur y suppléât par des agents chimiques. Il y avait suppléé. Il faisait passer le corps dans un rapide courant de flammes. Ce n'était pas une lente combustion, mais un simple coup de feu, rapide, foudroyant, rayonnant, qui, en ouvrant les pores, permettait à la substance créée par le grand Kanali de les remplir et de colorer les veines et tout le réseau muqueux, source de la coloration humaine. Cette opération résumait et concentrait donc en elle, chose admirable !

comme temps et comme chaleur, le soleil de plusieurs siècles d'évolutions.

Arrivés au pavillon, où le docteur, qui s'en était procuré la clef, avait tout préparé pour l'expérience, lui et César y entrèrent. Kanali ferma aussitôt la porte, les croisées, et tira les rideaux.

VI

Il déposa ensuite Colombe sur une large plaque de métal bruni, d'une horizontalité parfaite. Lorsqu'elle fut ainsi étendue sur la plaque, le docteur alla prendre dans un coin un vase de cuivre jaune plein de la composition spéciale, et en répandit sur le front, sur la poitrine, sur les bras et sur les jambes de Colombe, déjà noire comme un charbon par l'effet bien connu de la désorganisation qui arrive instantanément à la suite de l'infernale maladie dont elle avait été frappée. Après avoir remis à César le vase de cuivre, il s'occupa d'oindre le corps de la jeune fille de ce liquide, d'abord déposé par places, et quand cela fut fait, il alluma, à l'extrémité des pieds et au sommet du front, les bords du liquide, afin qu'en se rencontrant les deux flammes enveloppassent le corps tout entier.

Immédiatement, l'embrasement eut lieu dans les conditions prévues, et aussitôt Colombe, sa jeunesse, son teint, ses chairs roses, son sourire blanc et ingénu, tout elle, enfin, se montra et s'épanouit dans l'éblouissement de cette clarté magique. C'était une réussite complète. Elle avait produit les conséquences rêvées avec tant d'orgueil par le docteur, car tout le quartier allait témoigner le lendemain, à la vue de Colombe, ressuscitée en jeunesse et en beauté, de la victoire du docteur Kanali sur le néant.

César compromit tout. Ravi jusqu'à l'effroi du spectacle étalé devant lui, ému aussi sans doute de revoir cette jeune enfant presque vivante, lui qui venait de la porter à ce pavillon dans un état si loin de la vie, il perdit la tête, il se troubla, et dans un mouvement nerveux dont il n'est pas difficile de se rendre compte, il rapprocha le liquide qu'il tenait dans sa main droite, tremblante, un liquide plus inflammable que la poudre, de la lampe qu'il portait dans la main gauche, et tout fut en feu dans le pavillon. Jamais plus violent incendie n'éclata dans un espace aussi resserré. Le pavillon, bourré de gaz jusqu'au plafond, craqua, se fendit, le toit fut emporté dans les airs, tandis qu'une partie des murs s'écroulait au bruit d'une détonation pareille à celle d'une mine qui s'embrase et part. Cette déflagration fut suivie d'un jet de flammes large et continu qui monta droit parallèlement à la coupole du Val-de-Grâce; il en éclaira les moindres parties architecturales aux yeux de tous les gens du faubourg, facilement éveillés par cet énorme bruit et cette immense clarté; et d'autant plus facilement que le peuple, à cette époque-là, 1849, était prompt à se préoccuper de tout, à s'irriter de tout, voyant des intentions hostiles dans le moindre événement. Les suppositions s'allumèrent donc aussi aux quatre coins du vaste faubourg; elles allèrent bon train : « Ça vient du Val-de-Grâce, murmura-t-on de rues en carrefours, de ruelles en ruelles; que s'y passe-t-il ? — Il s'y passe qu'on y brûle les malades, dit quelqu'un qui avait déjà regardé par-dessus le mur et plongé dans le cratère embrasé du pavillon. — C'est ça, on brûle les malades pour en finir plus vite avec l'embarras qu'ils causent. » Ce bruit malveillant, venimeux, mortel, court, grossit, se propage; il devient bientôt un cri, un hurlement général : « On brûle les malades! on brûle les malades! » Le groupe colère se joint au groupe malfaisant; il devient foule, il devient tempête; le mur du jardin du côté de la rue des Charbonniers est escaladé; et les plus hardis s'introduisent. Guidés par les flammes, ils parviennent au pavillon de Caseneuve. Quel spectacle! leur rage n'a plus de frein : ils ont aperçu au milieu d'un feu diabolique le corps d'une jeune femme à demi calciné, d'une jeune femme qu'ils reconnaissent; l'amour, la grâce, la joie, le bonheur, l'idole du quartier; Colombe Val-de Grâce dévorée par les flammes; eux qui ne la savaient pas même malade! Le moins qu'ils veulent, c'est massacrer Caseneuve et le docteur Kanali; les brûler sur ce bûcher auquel il leur est impossible de prêter une signification quelconque, si ce n'est celle d'un abominable crime commis.

Heureusement pour les deux personnages si près de passer au brasier, les gens de la maison arrivent à leur secours. La garde de service survient. Enfin on les sauve. On dit à l'émeute que le feu a pris par accident au pavillon de l'interne César Caseneuve pendant qu'il était occupé à étudier le caractère de la maladie régnante sur le corps de Colombe, déjà expirée depuis quelques heures. L'émeute se retira en grondant; mais une grande émotion avait eu lieu. Le plus profond silence, il va sans dire, fut recommandé et observé sur l'événement.

Le lendemain, l'interne César fut renvoyé, et le docteur Kanali, de son côté, fut prié de se pourvoir d'un autre logement.

Et voilà comment le docteur vint chez nous, où aucun bruit défavorable ne l'avait précédé ni suivi, puisque tout bruit avait été prudemment étouffé.

Je n'ai plus à raconter maintenant ce que d'autres m'ont dit, — c'est M. Morel qui parle, — mais bien ce dont j'ai été témoin moi-même.

Je fus d'abord témoin de la sombre mélancolie qu'apporta Mlle Marthe Kanali en descendant chez nous, langueur universelle dont je dirai tout de suite la cause, quoique je ne l'aie connue que quelque temps après l'installation de la famille.

M. Kanali, qui n'avait laissé s'introduire

et s'établir dans sa familiarité César Caseneuve, qui ne l'avait autorisé à bâtir des espérances de gendre que parce qu'il avait besoin de lui, d'un aide intelligent, d'un complice dévoué pour l'aider dans ses expériences, ne voulut plus entendre parler de lui après le déplorable succès du pavillon. Comme il n'attribua qu'à César Caseneuve tout ce qui lui était arrivé de funeste cette mémorable nuit-là, l'incendie, l'invasion des gens du faubourg, son renvoi du Val-de-Grâce, enfin la ruine complète de sa tentative si près d'être une victoire, il l'éloigna de chez lui, le prit en haine, en aversion, défendit à sa femme et à sa fille non-seulement de continuer à le recevoir, mais même de prononcer son nom. Il n'y a pas comme les ambitieux pour engendrer de ces antipathies noires, de ces haines sauvages envers ceux qui ont fait verser leur char n'importe comment. Marthe baissa la tête afin de laisser passer l'orage, mais elle se promit bien de ne pas oublier son amour, et un pareil engagement mène loin. L'Italienne ardente emprunta à l'Allemande sa fermeté et à la Française son esprit de ressources pour triompher de la mauvaise fortune du moment.

Quant à sa mère, quant à Mme Kanali, elle se demanda si elle ne devait pas remercier le ciel d'avoir écarté pour toujours ce jeune homme du seuil de leur maison; elle supposait que c'était pour toujours. N'ayant jamais vaincu le frisson qui courait en rameaux glacés dans tous ses membres à la vue de Caseneuve, évidemment affligé à ses yeux d'une ressemblance malheureuse avec quelque être profondément antipathique, elle l'avait vu partir avec bonheur, avec bonheur pour elle, avec quelque chagrin pour sa fille, quoique ce chagrin fût encore relatif; car elle avait dit plusieurs fois au confident divin, dans ses prières, que le jour où Marthe épouserait Caseneuve, s'il était dans son étoile de l'épouser, elle mourrait à l'instant même de douleur.

Nous ne tarderons pas à savoir quel était le motif de cette insurmontable répulsion de Mme Kanali pour César Caseneuve, dont elle ne niait pas cependant la remarquable intelligence, la grande honnêteté, la science bien acquise, sans parler des autres avantages qu'elle ne lui refusait pas non plus : une figure attrayante et pleine de noblesse, une taille distinguée, de charmantes manières.

Reste à dire maintenant la situation de César après la fatale mésaventure du pavillon, ce naufrage de tant d'espérances. La situation n'était pas bonne. Il fut si nettement congédié par le docteur le lendemain du jour où ils l'avaient été tous les deux du Val-de-Grâce, qu'il n'eut pas le courage, si impérieux que fût son amour, de se présenter au nouveau logement de la famille Kanali.

Ce fut un de ces congés après lesquels il n'y a plus d'espoir, excepté cependant pour les amants exaltés, pour les héros suprêmes des grandes passions : les Des Grieux, les Werther, les Saint-Preux, peut-être aussi pour les César Caseneuve.

Dans tous les cas, voilà parfaitement expliquée la raison de prudence pour laquelle M. et Mme Kanali, mus par des craintes différentes, s'informèrent l'un et l'autre avec tant de précision auprès de moi, les premiers jours de leur installation, de l'heure à laquelle on fermait le soir les portes de la maison de santé, de la hauteur des murs, etc., etc...

J'ai dit que la passion de Mlle Marthe Kanali ne manquerait pas de se doubler d'une grande finesse; je ne sais pas si en avançant ce trait de caractère j'ai beaucoup particularisé sa nouvelle situation morale. Au fond, quelle est la jeune fille qui ne devient pas fine à l'instant même où la passion la saisit? Elle devient fine parce qu'il y a danger, et il y a danger parce qu'il y a ennemi. Contre tout amour s'élève un ennemi; cet ennemi c'est ou la famille, ou le monde, ou l'univers entier. Impénétrable énigme! On fait du mariage une nécessité, la plus obligatoire des nécessités de la vie pour une femme, et il n'est pas d'acte de la vie, cependant, qu'on contrarie plus que celui-là chez une femme. Que de raisons pour l'empêcher! raisons tirées tantôt de la disproportion des âges, tantôt de l'inégalité des fortunes, tantôt de la différence des rangs. On s'étonne de voir tant de vieilles filles sur le trottoir du célibat; ce qui m'étonne, moi, c'est de voir tant d'autres filles qui se marient lorsque je songe qu'il n'y a que deux bouches pour dire oui devant le maire, et qu'il y en a des milliers, et des milliers qui n'ont pas d'autre désir, d'autre fonction que de dire toujours : Non, non, non.

Parvenue à ce point dans le chemin qui lui est tracé, l'histoire de la famille Kanali retrouve ses personnages dans les dispositions suivantes.

Mme Kanali croyait plus que jamais aux vampires, ce qu'on a pu voir aux questions qu'elle m'avait adressées dès son arrivée à la maison de santé. Et cette réflexion faite par elle devant son mari, à l'intention de ce dernier : *Il ne faut pas craindre que les voleurs,* accuse suffisamment la préoccupation constante de sa croyance redoutable à ces créations venues d'au delà de la tombe.

Cette même croyance nous explique l'effroi général dont elle avait été envahie à la vue de César Caseneuve, et sa terreur lorsqu'elle avait découvert qu'il portait comme le vampire Bem Strombold, celui qui avait été sur le point d'épouser sa mère, la femme du grand Salomon Kanali, une espèce de petite groseille sanglante au coin de la lèvre. Seulement, Bem Strombold ne donnait jamais la main droite, et César ne la refusait pas. N'importe ! Mme Kanali, à cause de ce signe sanglant, avait vu en frémissant de toutes les fibres délicates de son cœur César approcher de sa fille et s'en faire aimer; elle pensait que Marthe serait victime de cette troisième apparition du même vampire dans leur famille deux fois éprouvée, et que la pauvre Marthe mourrait de cette obsession par la raison même que sa grand'mère, la femme du premier des Kanali, et elle, sa mère, y avaient échappé. Marthe n'aurait pas le même bonheur. Il fallait absolument une jeune victime à ce grand maudit : Marthe offrait tous les signes de la prédilection funeste. Le vampire est toujours précédé de la langueur, et la langueur de Marthe frappait tous les regards; la consomption l'accompagne, et la consomption rongeait Marthe sans pitié; il s'entoure d'une auréole de pâles couleurs, et les pâles couleurs couvraient le visage de Marthe. Donc, Marthe lui appartiendrait! Maintenant, ajoutez que Mme Kanali n'avait attaché son attention avec tant de fixité aux fenêtres de notre longue galerie de malades, que parce que les vampires, cela est de tradition reconnue dans leur émouvante histoire, n'apparaissent jamais en si grand nombre

6.

qu'aux époques des fortes épidémies ; et nous étions malheureusement à l'une de ces époques.

Voilà donc expliquées et les angoisses et les terreurs de Mme Kanali pour sa fille qu'elle ne quittait plus des yeux. Marthe était suivie, espionnée par elle sans trêve ni merci. Et cette surveillance si tyrannique, née d'un excès d'amour maternel, n'excluait pas autour de Marthe celle de M. Kanali, dont la colère contre César Caseneuve était loin de subir le moindre affaiblissement. Bien loin de là, c'était une de ces haines colossales de savant, une de ces haines auprès desquelles les haines du reste des hommes sont de l'amitié. Mais toutes ces pressions incessantes exercées sur l'amour de César et de Marthe, au lieu de le refroidir, n'avaient servi qu'à l'exalter jusqu'au délire, jusqu'à la fièvre. Devenu, dans l'un et dans l'autre, l'aliment unique de leur pensée, la flamme inextinguible de leur cerveau, leur seul motif de vivre, il les rendait incapables de toute autre chose que de s'aimer. Le monde était tout entier dans leur amour. Il n'y avait au monde qu'eux et leur amour : sublime égoïsme, sainte folie, que n'ont la possibilité de bien comprendre que ceux qui ont traversé une fois dans leur vie cet enfer de félicités.

Ici se présente naturellement la longue suite de difficultés, d'obstacles et de dangers que Marthe et César rencontrèrent devant eux quand ils cherchèrent à se communiquer leurs sensations.

César essaya d'écrire à Marthe; ses lettres furent détournées et portées au père et à la mère, dont la surveillance et la défiance augmentèrent. Il essaya de passer par-dessus les murs du jardin; il fut surpris par les gardiens; il fut exposé à être arrêté comme voleur : il renonça à ces moyens. Disons tout de suite qu'aucun moyen ne lui réussit, et que ces insuccès multipliés irritèrent au lieu de l'éteindre l'amour des deux jeunes gens.

On vient de voir ce que cet amour produisit de déceptions chez Caseneuve : chez Marthe, il amena, de découragements en découragements, une espèce d'idiotisme rêveur dont on trouve plus d'un exemple chez les jeunes filles tourmentées comme elle dans leur plus doux penchant. Sa vie s'éloignait d'heure en heure de ses rapports avec tout ce qui l'entourait pour s'isoler peu à peu en elle. Mlle Kanali se mura dans l'intérieur de son amour comme dans un cloître ; et de là, elle ne regarda plus le monde, le soleil et les vivants qu'avec indifférence. Sa pâleur s'augmenta encore de cette retraite silencieuse de son amour dans le creux de son âme. Marthe ne fut plus qu'une ombre sur la terre.

Avant de dire par quel moyen, dont il est tout à fait impossible de sang-froid de se faire une idée, Caseneuve s'introduisit enfin dans la maison de santé, il me reste à dire la conduite personnelle du docteur Kanali depuis que nous l'y possédions.

Le docteur n'avait nullement abandonné, on aurait tort de croire le contraire, son projet d'embaumement et de rajeunissement, malgré le très-grave échec qu'il avait reçu au Val-de-Grâce. Il n'était venu dans notre maison du faubourg Saint-Denis que dans l'unique but de prendre une triomphante revanche. Le lecteur ne conservera aucun doute à cet égard, quand je l'aurai conduit plus tard dans un certain établissement que j'indiquai moi-même au docteur Kanali, fatigué que j'étais à la fin de m'entendre toujours adresser cette question : « Monsieur Morel, sachez donc me dire où se réunissent les fossoyeurs! » Question qu'il me fit, on s'en souvient peut-être, lors de notre premier entretien.

Revenons aux amours de Marthe et de César.

La mélancolie de Marthe devint bientôt, par un effet assez fréquemment observé chez les jeunes femmes malades d'amour contrarié, une piété outrée ; Mlle Kanali ne s'arrêta même pas à cette exagération, qui la faisait passer des nuits en prière et communier chaque samedi : elle voulut être religieuse, et, pour sanctifier son noviciat, elle déclara qu'elle voulait partager avec les sœurs de Saint-Vincent-de-Paul la mission de soigner les malades. Sa mère effrayée se récria, son père se révolta à cette idée. Que signifiait une pareille détermination? Est-ce que c'était là la destinée, la vocation d'une jeune fille élevée pour le monde, riche, célèbre par son aïeul et par son père? Marthe fut inflexible.

Elle se laisserait mourir, dit-elle, si on ne

lui permettait pas de se vouer entièrement au salut des malades. Raisonnements et prières furent des mots inutiles. Rien ne la fit donc renoncer à cette résolution; résolution bien imprudente, me disais-je, moi témoin indirect de ces contestations de famille; je ne la lui aurais jamais laissé prendre si j'avais été à la place de son père, parce qu'il était douteux que la défense de se faire sœur de charité l'eût fait mourir, tandis qu'il était presque sûr qu'elle serait victime de son dévouement en allant respirer au bord du lit des malades les poisons si subtils de l'épidémie. Déjà, sur dix sœurs de Saint-Vincent-de-Paul, sept, venues pour soigner nos malades, avaient disparu pour toujours; et pourtant ce sont là des femmes habituées à la fatigue, rompues aux veilles, fortes contre toutes les répugnances, et dont le moral, certes, est à l'abri de la crainte, car c'est précisément le danger qu'elles bravent qu'elles cherchent, qu'elles aiment par-dessus tout.

Il devint donc inutile de contrarier plus longtemps la volonté de Marthe, si délibérément décidée à se consacrer, dans un sentiment religieux, aux soins à donner aux malades. Elle fut abandonnée à son entraînement. Elle descendit dans nos salles et commença son service. Elle débutait dans un moment bien périlleux !

Développée par les chaleurs excessives du mois de juin, la maladie prit tout à coup un caractère des plus sinistres. Nous revîmes les jours noirs de 1832. Déjà bien affaibli par la situation politique, le commerce devint tout à fait nul. C'est à peine si l'on ouvrait les magasins ; on les ouvrait à demi pour répondre aux exigences de la vie matérielle, et on les fermait sitôt la nuit venue.

Les nuits étaient dures à traverser. De loin en loin des lanternes rouges indiquaient les ambulances où l'on allait réclamer les premiers secours. Désertes, silencieuses, les rues étaient sillonnées en tous sens et sans interruption par de longues files de brancards ; et vers minuit, quand on supposait les habitants endormis, et ils dormaient peu à cette époque, les voitures dont il a été dit l'usage profilaient la grimace exagérée de leur ombre sur les murs frissonnants d'épouvante : voitures fantômes chargées de fantômes. Afin de ne pas porter l'effroi jusqu'au fond des maisons, toujours sur un qui-vive nerveux, les roues étaient enveloppées de grosses toiles ; précautions perdues : la peur entend toujours ; elle entend lorsqu'il n'y a rien, et il y avait quelque chose ; il y avait beaucoup.

Ce fut par une de ces nuits lamentables, impossibles à oublier, et lorsque nos salles n'avaient plus de places à donner à personne, que je vis arriver un jeune homme, soutenu par deux de ses amis. Ses yeux à demi fermés, son visage inquiet, son corps voûté par les contractions de la douleur, son haleine courte et brisée, ses paroles décousues ne laissaient aucun doute sur le nom redouté qu'il fallait donner au mal dont il venait d'être foudroyé.

VII

Pourtant, chose bien étrange! et que je fus peut-être seul à remarquer, il parut, en entrant dans nos salles, au moins aussi effrayé du tableau étalé à sa droite et à sa gauche, que de sa propre situation. Je crois même qu'il oublia sa situation, ce qui n'est d'ordinaire le fait d'aucun malade, pour s'abandonner sans mesure à l'impression de terreur surhumaine qui le glaça à l'aspect des choses aperçues. Ses lèvres devinrent tout à coup violettes, presque noires, ses yeux se retirèrent sous l'arcade sombre de son front blême, ses cheveux se hérissèrent, phénomène auquel je n'avais jamais cru beaucoup, comme des aiguilles d'acier, et il murmura entre ses dents, qui claquaient comme dans un grand froid : « Non, je ne veux pas rester ici! Oh! rester ici, c'est trop horrible! Mais ce sont des spectres que tous ces gens-là; ils me font peur; dans un instant je serai un spectre comme eux. Remportez-moi! remportez-moi! » Cependant, on parvint à le calmer ou lui-même se domina; et quand il fut un peu moins agité, ses amis me demandèrent pour lui une chambre à part.

Précisément, hélas! je ne dis pas heureusement, la personne qui occupait le cabinet placé au milieu de la salle, près de la chapelle, le seul qui fût vacant cette nuit-là, avait pris congé depuis dix minutes, bien qu'elle ne fût entrée en possession que dans la soirée. Mais on allait si vite alors!... Nous mîmes le nouveau venu dans cette pièce, et ses amis le confièrent à nos soins. Ils partirent aussitôt; on n'aimait pas à demeurer longtemps parmi nous dans ces jours de pernicieux caractère. Le traitement ordinaire allait commencer pour leur protégé.

Dieu sait quel serait ce traitement! il y en avait tant! Le travaillerait-on avec le feu ou avec la glace? L'interne appelé à lui donner les premiers soins déclara qu'il ne passerait pas la nuit, que tout effort pour le sauver serait inutile, et que ce qu'il y avait de mieux à faire, à moins de chercher à le martyriser à plaisir, c'était de souscrire à la dernière et suprême manifestation de sa volonté, qui était qu'une sœur vînt charitablement auprès de son lit réciter quelques dernières prières.

Mlle Marthe se trouvait là par hasard; elle entendit les paroles de l'interne, et elle s'offrit aussitôt pour être cette lectrice pieuse.

On l'accepta d'autant plus volontiers, qu'aucune sœur, en ce moment, n'était en mesure de lui disputer cette précieuse tâche. Elles étaient occupées ailleurs, à des services médicaux qui les réclamaient sans partage, car, malgré leur nombre, leur zèle, leur dévouement, elles étaient bien loin de suffire à leur courageuse et sublime mission.

Mlle Marthe entra donc dans le cabinet du nouveau malade. L'entrée de ce cabinet, placé, ainsi que nous l'avons dit, au milieu de la grande galerie, était masquée par les deux tombées à grands plis d'un long rideau blanc. Mlle Marthe y pénétra seule et demeura seule avec le malade.

Il y avait trois heures environ qu'elle était

enfermée dans cet asile de silence et de pieuse oraison, et il était alors deux heures après minuit, — vous allez voir que j'ai un motif pour préciser ce moment avec exactitude, — lorsqu'un orage, longtemps couvé sous des nuages lourds, chauds, étouffants, creva sur Paris, et déchaîna dans l'atmosphère, en se déchirant, toutes les horreurs météorologiques. L'air passa au soufre.

Je n'oublierai jamais l'effet désastreux de cet orage sur nos pauvres malades, et voilà pourquoi il me sert de date : un poison, l'acide prussique, n'aurait pas eu des résultats plus prompts, plus épouvantables sur leur organisation. Chacun d'eux s'éteignait à son tour, comme s'éteindrait une succession de lumières sur lesquelles un vent viendrait horizontalement à passer. L'eau ruisselait en cataractes sur les carreaux des croisées, et des éclairs livides parcouraient les salles d'un bout à l'autre; le tonnerre ne cessait pas de se fendre et de se briser en éclats stridents. Je n'ai rien vu de pareil dans ma vie; et j'étais loin d'avoir tout vu.

A ce moment, je vis arriver du bout de la salle, d'un pas précipité, le docteur Kanali et sa femme, cherchant autour d'eux d'un air inquiet. Je devinai leur intention : ils cherchaient leur fille. Par un signe, je les attirai de mon côté.

— Quelle nuit! me dit Mme Kanali en m'abordant, quelle nuit!

— Bien dure à passer, madame, oh! oui, bien dure.

— Et ma fille?

— Là, répondis-je, désignant le cabinet voilé de rideaux blancs, là, en prières auprès d'un malade.

— Mais c'est intolérable! dit M. Kanali contenant sa rage, bien qu'en ce moment il eût pu parler aussi haut qu'il l'eût voulu : l'orage n'avait pas diminué et son bruit dominait tous les bruits. C'est intolérable! Je ne veux pas qu'elle reste davantage dans cet endroit terrible. C'est à y périr en quelques minutes. Arrachons notre enfant à ce gouffre empoisonné.

— Mais elle est en prières, redis-je d'une voix que je modérai à cause d'un instant de trêve qui venait de se produire dans le déchaînement moins égal de la tempête...

— En prières ou non, j'entends qu'elle

sorte d'ici, repartit le docteur, mais en diminuant aussi sa voix comme s'il eût cherché à concilier ses habitudes de médecin avec ses colères paternelles.

Je le vois ensuite s'avancer vers le cabinet au rideau blanc; sa femme l'accompagne; je les suis tous les deux. Le docteur soulève le rideau : quel étonnement! quelle surprise! quelle chose! Marthe ne priait pas; ses deux mains étaient dans celles du malade, qui me parut infiniment moins en péril que je ne me le serais jamais imaginé, après l'état où je l'avais vu à son arrivée chez nous. Ce n'étaient pas un moribond et un ange charitable l'aidant à passer doucement de cette vie dans une meilleure, mais deux amants ravis jusqu'à l'extase de la joie de se trouver ensemble, confondant les élans de leur âme dans le même bonheur. Le bruit de l'orage les ayant empêchés d'entendre quand nous approchions, ils continuaient à garder leur attitude devant nous. Assise près du lit, Marthe avait mis sa tête sur l'oreiller où reposait celle de César Caseneuve, car je ne vous ferai pas attendre plus longtemps pour vous apprendre que c'était lui, César Caseneuve, qui était là avec Marthe ; et voilà comment ils priaient ensemble ! Il devait s'être dit bien des paroles d'amour dans ce triste espace depuis trois heures que durait ce tête-à-tête sur le même oreiller. Des paroles d'amour ! Quelle puissance a donc cet amour au printemps de la vie pour avoir fait braver à ce jeune homme une maladie que personne au monde ne craignait autant que lui ! pour lui avoir donné la force miraculeuse de passer dans un tel endroit une nuit qui aurait pu être sa dernière nuit, comme elle l'était pour tant d'autres ! Non ! je n'aurais jamais supposé tant de fermeté et tant de vaillance à ce sentiment. Je croyais l'ambition seule capable de cet héroïque mépris du danger. Je me trompais.

Ce danger auquel s'étaient exposés les deux amants, qu'ils avaient préparé à loisir tous les deux, car Marthe n'avait demandé à soigner les malades que pour se rapprocher de César Caseneuve, les rendait à mes yeux plus intéressants qu'il ne me serait possible de le dire. Le courage, qui relève tout, rendait bien excusable leur égarement, leur tort de s'aimer, celui de se voir, malgré la volonté de leurs parents, malgré l'univers entier. Qui n'eût été désarmé par tant d'héroïsme dans la passion, par tant d'abnégation au milieu de tant de dangers? qui n'eût pardonné à cet amour, ne fût-ce que parce qu'on eût dit que c'était là le dernier amour resté sur la terre à cette heure où le monde matériel semblait s'abîmer dans le trouble physique, le monde moral dans la confusion des opinions politiques, et tous deux toucher à leur fin? Qui n'eût pardonné? disions-nous.

Deux personnes cependant ne pardonnèrent pas; mais elles représentaient l'une l'orgueil blessé, l'autre le fanatisme; et ils sont impitoyables. C'étaient le docteur Kanali et sa femme. Ce spectacle de sa fille livrée à Caseneuve réveilla chez Mme Kanali toutes ses superstitions et ralluma sa croyance aux redivives, aux brucolaques, aux vampires, à tous ces êtres surnaturels auxquels tant de peuples de l'Orient ont cru, croient encore et croiront peut-être toujours.

— Oui, c'est lui, murmura, la parole basse, Mme Kanali, et en serrant avec des frémissements visibles le bras de son mari; c'est lui; reconnaissez-le donc; c'est lui, l'impérissable, l'éternel persécuteur de notre famille, le démon qui s'est acharné successivement contre ma mère et contre moi; contre ma mère sous le nom fatal de Bem Strombold, contre moi sous celui de Rosenthal. Il poursuit maintenant en France notre chère fille sous le nom de César Caseneuve. Oui, c'est maintenant le tour de notre enfant; et c'est bien ici, dans les circonstances où nous nous trouvons, dans le lieu où nous sommes, qu'il devait reparaître; il a reparu !

Ce qui vint donner aux paroles de Mme Kanali un à-propos presque prophétique, et qui amena le dénoûment de cette scène, ce furent celles des deux amants. Je vais les rapporter telles que je les entendis :

— Marthe, est-ce bien arrêté dans votre esprit et dans votre volonté ?

— Oui, mon ami.

— Vous consentez donc à me suivre, chère Marthe ?

— Oui, et partout où il vous plaira de m'emmener.

— Partout ?

— Partout.

7.

— Réfléchissez : ne le regretterez-vous pas un jour?

— Non.

— Quoi qu'il arrive, ne me maudirez-vous pas?

— Jamais.

— Eh bien! que notre destinée s'accomplisse : à la faveur de la tempête nous allons quitter cette maison, nous éloigner de Paris à travers l'orage et l'obscurité, et nous unir pour toujours.

— Soyons unis pour toujours, répéta Marthe. La mort seule pourra nous séparer.

— La mort même ne nous séparera pas, dit Caseneuve en serrant avec une effusion passionnée dans ses bras la fille du docteur.

C'est en recueillant ce vœu si solennellement exprimé par Caseneuve, que Mme Kanali poussa un cri de terreur maternelle et se montra à sa fille et à celui qui parlait de rester attaché à elle-même au delà de la tombe. Fort troublé, mais au fond un peu moins convaincu que sa femme sur le fait des vampires, le docteur prit sa fille par le bras et la ramena dans son appartement en lui disant qu'il savait enfin pourquoi elle désirait tant se faire sœur de charité et garde-malade. Mme Kanali les suivit.

Je n'ai pas besoin de vous dire que César Caseneuve ne présentait aucun symptôme, même le plus léger, du mal qu'il avait prétexté et usurpé pour s'introduire auprès de Mlle Marthe ; aucun symptôme, sinon une peur incommensurable de se voir où il était ; et c'est cette peur et cette absence de toute maladie qui rendirent le châtiment qu'il allait recevoir du père de Marthe d'une originalité aussi burlesque qu'émouvante.

Voici quel fut ce châtiment.

Quand M. Kanali eut reconduit sa fille dans son appartement, et ce fut l'affaire d'une minute, il revint où il avait laissé Caseneuve stupéfié par la surprise, et où j'étais moi-même encore sous le coup de l'étonnement, et il dit à deux internes qui l'accompagnaient, prenant avec eux le ton et l'autorité d'un docteur attaché à la maison, bien que, s'il fût docteur, il n'appartînt pas à l'établissement :

— Ce jeune homme est très-malade. Examinez.

— Monsieur! se récria Caseneuve étonné, il y a erreur, je suis venu ici pour...

— Il est très-malade, vous le voyez; déjà son cerveau troublé n'a plus la conscience réelle de ce qu'il a exécuté...

— Je vous dis, messieurs, que je ne suis pas malade du tout, et que je suis venu ici...

— Choléra foudroyant! continua le docteur, la main appuyée sur le lit de Caseneuve; choléra foudroyant!

— Mais, monsieur, s'écria encore Caseneuve, très-agité de cette menace qui lui prêtait une maladie si affreuse pour lui, je vous répète que je suis ici pour...

— Crampe incessante! Voyez, reprit obstinément le docteur, son corps est tout crispé.

— Mais, monsieur, je n'éprouve aucune crampe, et en vérité...

— Face hippocratique, voyez!

— Moi, j'ai la face hippocratique?

— Ce qu'il y a de plus hippocratique, ainsi appelée parce que Hippocrate en a le premier décrit les caractères. Constatez ces caractères sur ce masque.

— Comment, ce masque!...

— Sur ce masque, peau du front tendue...

— Ma peau est tendue?...

— N'interrompez pas la définition du père de la médecine !

— Quand il en serait le grand-père, vous ne me prouverez pas...

Kanali reprit d'autorité :

— Peau du front tendue, sèche ou couverte d'une sueur froide; yeux enfoncés dans leurs orbites; nez effilé.

— Mais mon nez...

— Encore une fois, n'interrompez pas le divin Hippocrate; nez effilé, tempes creuses, pommettes saillantes, oreilles froides et retirées, lèvres décolorées, livides et pendantes. Hippocrate a parlé.

— Je parlerai, moi aussi !

— Taisez-vous ! Remarquez encore, messieurs, continua le docteur Kanali, s'adressant aux deux internes, remarquez encore, — diagnostic magnifique, — qu'il a la cornée opaque.

— Moi ?

— Vous avez la cornée opaque...

— Oui, il a la cornée opaque, redirent les internes, pour dire comme le maître.

— Je vous affirme, messieurs...

— Il va survenir à l'instant des lipothymies.

Caseneuve, exaspéré, leva les bras au ciel, murmurant dans un soupir : Des lipothymies !

—Lipothymies ! répéta Kanali, *défaillance, lipothymia ; — animi deliquium ; —* manque d'âme et de courage ; perte instantanée de mouvement et de sentiment, bien que la respiration et la circulation continuent encore, au lieu que, dans la *syncope*, ces deux dernières fonctions sont suspendues. Le malade qui est là gisant sous nos yeux est donc frappé de lipothymie, puisque le sentiment s'éteint chez lui et qu'il respire encore.

— Si je respire encore !

— Oui, vous respirez encore un peu, dit Kanali ; mais bientôt il surviendra des accidents tels que la respiration...

— Que surviendra-t-il ? demanda Caseneuve en se démenant et en faisant des efforts pour s'élancer hors de son lit.

— Des syncopes, des carphologies, des soubresauts aux tendons, répondit Kanali.

— Mais, pour la centième fois !... dit,

hurlant de rage, Caseneuve, ou plutôt essaya-t-il de dire, car de nouveau il fut interrompu et contenu dans son lit par le docteur.

— Voyez comme il s'agite ! c'est le soubresaut aux tendons. Il a franchi la période algide, la période cyanique ou bleue ; il touche à la période la plus grave, la période asphyxique. C'est un cas superbe !

L'effroi finit par succéder à la colère dans l'âme de Caseneuve, qui après avoir nié, puis douté, croyait maintenant devant cette persistance du docteur qu'il avait gagné la peste indienne en venant la respirer à l'un de ses foyers les plus actifs.

Le docteur ne laissa pas tomber son ascendant.

— Tenez, messieurs, reprit-il, voilà que le refroidissement glacial le gagne ; il frissonne ; ses membres se roidissent. Observez !

Caseneuve, en entendant ces dernières paroles, pensa qu'il allait périr, et il n'eut plus le moindre doute quand le père de Marthe eut terminé sa description anatomique par ces mots :

— Il est perdu.

— Perdu ! demanda César des yeux, de la bouche, de tout son corps jeté en avant; perdu !

— Cependant, poursuivit l'impitoyable et ironique docteur, nous allons tenter sur le *sujet* une médication énergique, désespérée.

— Je ne veux pas ! eut encore la force de s'écrier César Caseneuve, sous le poids de cette dénomination de lui bien connue qui le rayait du nombre des vivants : *un sujet !* Il n'était donc plus qu'un sujet !

Sans s'arrêter à la résistance de César, le docteur commença aussitôt sa prescription.

— D'abord, les frictions sur la poitrine; frictions jusqu'au vif.

Gémissements de Caseneuve.

— Vésicatoires sur l'épigastre.

Lamentations de César.

— Large émission sanguine.

Lamentations plus fortes de César.

— Vomitif.

Suffocations de César.

— Chaux vive autour du corps.

A la pensée de ce dernier traitement par

la chaux vive, la jeunesse l'emporta sur la peur chez Caseneuve. Il bondit sous ses couvertures. Il allait mettre un terme à ces menaces sur le point, dans sa pensée, de se tourner en funestes réalités contre lui, il allait réagir contre le mal en cassant la tête du docteur à l'aide du premier objet à la portée de sa main, quand on amena dans la salle, avec des mouvements multipliés de pas et de paroles, une personne pour laquelle on réclama le cabinet où nous étions. On réclama ce cabinet de telle façon, qu'on eût renvoyé, je crois, César Caseneuve, eût-il été réellement malade, pour prendre sans autre forme possession de son lit. Mais il n'était plus là; il sut profiter de la confusion causée par l'entourage bruyant du nouveau venu pour s'habiller à la hâte, si tant il y a qu'il s'habilla, et pour s'esquiver de toute la rapidité de ses jambes.

Il n'y eut que moi, j'en suis sûr, qui entendis ces mots qu'il jeta derrière lui en fuyant : « Je n'ai pas pu l'enlever étant vivant, je viendrai l'enlever étant mort. »

Je le vis ensuite gagner au plus vite l'extrémité de la salle, et, par l'escalier qu'il franchit en trois bonds, prendre son vol par la cour et la rue, où il fut bien heureux, on le suppose sans peine, d'exercer la liberté rendue à toute sa personne.

Quelle signification prêter maintenant à cette menace inouïe de César Caseneuve, à moins de croire aux vampires comme Mme Kanali : « Je viendrai l'enlever étant mort? »

VIII

L'homme malade venu pour prendre la place de César Caseneuve fut apporté sur un brancard par une foule de personnes inquiètes, très-agitées, tristes surtout comme si elles eussent été frappées par un même malheur de famille. Leur très-grand nombre m'étonna d'abord. Comment, à une pareille heure de la nuit et par une nuit pareille, tant de gens se trouvaient-ils réunis ? Mon second étonnement vint de cette particularité non moins singulière : ces gens-là se connaissaient tous entre eux.

Le bouillonnement produit par leur entrée en masse dans la salle s'étant un peu apaisé, je tâchai d'obtenir de l'un d'eux quelque éclaircissement ; et j'appris que la personne, ou, pour mieux dire, que le personnage qui venait d'être transporté chez nous, escorté par tant de sympathies, était un clubiste célèbre de la salle Martel; il en était l'orateur le plus suivi, le plus écouté, le plus populaire.

On n'aurait pas la signification exacte de ces mots : *orateurs, clubistes, salle Martel,* si l'on oubliait que nous étions en 1849, en république, ou à peu près en république, à l'époque où les clubs étaient en vogue, et où par conséquent les orateurs préoccupaient beaucoup l'attention universelle, avaient leurs succès, leur clientèle, leur influence, et une influence souvent très-redoutée.

Parmi ces clubs, le plus fameux de beaucoup alors, le seul dont on se souvienne encore aujourd'hui, était le club de la salle Martel, placé à moins d'un quart d'heure de distance de notre maison de santé.

Là, on agitait, on discutait les plus brûlantes questions de la politique et de la philosophie sociale ; on les agitait si fort qu'on se donnait quelquefois des coups de poing au bas de la tribune aux harangues. Mais on arrivait toujours à s'entendre, et à la fin de la séance le bon accord se manifestait dans la rue par des hymnes de Pierre Dupont, qu'on chantait en chœur au grand effroi patriotique des habitants du faubourg Poissonnière et du faubourg Saint-Denis.

Or, notre personnage avait été touché par le vent de l'épidémie dans une de ces nuits oratoires dont il est question ici, et au milieu même de ses admirateurs de la salle Martel; il l'avait été très-sérieusement, lui. Ce n'était pas une répétition de la scène de César Caseneuve. Renversé au milieu de son triomphe, ses amis s'étaient empressés de le porter chez nous, où il arriva dans un état fort grave. L'effervescence des passions produisait des cas presque toujours incurables, et l'on m'apprit, en effet, que c'était dans une question où l'orateur avait abusé de ses forces, poussé la chaleur de la parole jusqu'à l'enthousiasme, qu'il s'était senti blessé aux entrailles. Le glaive trempé dans le poison indien l'avait traversé, tandis qu'il lançait une réplique enflammée à ses adversaires.

Après la remarquable figure de Caseneuve, je n'ai pas vu de type aussi correct, aussi beau que celui de l'orateur de la salle Martel. C'était un homme de trente-cinq à quarante ans. Sa chevelure noire, très-longue comme il était de mode républicaine de la porter alors, descendait comme un gazon de velours noir sur son cou d'une blancheur superbe, contraste éclatant et facile à saisir à cause de cette autre mode qui régnait aussi à cette époque de porter largement rabattu sur les épaules le col de la chemise. Sa barbe, également d'un noir très-pur, se terminait en pointe, à la manière des rois de Babylone, sur sa poitrine, d'un développement d'athlète; et, de fait, les orateurs ne sont-ils pas aussi des athlètes?

On eût cru voir un des jeunes satrapes de la colossale cité biblique, cité sortie un jour tout exprès de ses cendres pour nous montrer plus beau que la Grèce, plus élégant qu'Athènes, plus près surtout de la grandeur idéale des demi-dieux. Rien d'aussi doux et d'aussi majestueux à la fois que son regard, quoique déjà bien affaibli par le mal dont il supportait si héroïquement cependant les atroces étreintes. Son portrait est resté dans le souvenir de quelques-uns de ses contemporains. Il a joui de la popularité, malheureusement si éphémère, de la photographie de circonstance.

Quoique le souvenir de son nom soit un peu perdu aujourd'hui comme le souvenir de son visage dans la brume violette d'un lointain destiné à n'être bientôt plus que de la vapeur, de l'air incolore, je ne l'écrirai pas dans toute son intégrité. On ne sait pas qui l'on peut blesser même en louant, quand on touche au passé toujours douloureux de nos discordes civiles. Je ne dirai qu'un peu de son nom. Mettons qu'il s'appelait Jean-Paul Désormeaux; cette demi-altération de son nom n'ira pas jusqu'à taire, on le voit, l'origine nobiliaire dont il était et dont il ne se cachait pas, franchise qui n'avait pas nui à sa popularité.

A son immense talent oratoire, il joignait, ajoutait-on, des qualités privées d'une exquise humanité. D'une fortune assez ronde, il ne retenait que ce qu'il lui fallait pour vivre dans une petite chambre du faubourg Saint-Martin. Le reste allait aux pauvres dont il soignait aussi la santé, car il avait été reçu médecin, et il avait exercé au Brésil, où il avait suivi, je crois, la petite colonie phalanstérienne de Fourier. Et ceci m'amène à vous dire qu'il ne se berça d'aucune illusion dès qu'il fut atteint par le souffle meurtrier de l'épidémie, et il nous le prouva avec un calme admirable dès qu'il put s'occuper de sa situation sans affliger les braves gens qui l'avaient accompagné chez nous.

Lorsqu'ils furent partis, et Dieu sait combien de fois ils tournèrent la tête pour le revoir avant de le quitter, il dit au docteur Nivière, qui interrogeait avec son expérience infaillible la marche de son pouls, et examinait en même temps le degré de contraction de ses pupilles : « Rien ne me sauvera, docteur ; mais, si vous le voulez, je puis moins souffrir qu'on ne souffre d'ordinaire dans l'état où je suis. Mettez-moi dans un bain, et priez qu'on me laisse écrire en paix mes dernières pensées en faveur du peuple. » Il fut satisfait sur-le-champ. On le plaça dans une baignoire et il écrivit pendant deux heures comme s'il n'eût rien éprouvé. C'était de la fermeté romaine. Les douleurs le travaillaient cruellement en dessous : à la troisième heure elles furent les plus fortes; parfois les crampes étaient si violentes, si intolérables, que le papier tombait hors de la baignoire et le crayon dans l'eau. A plusieurs reprises on le rétablit sur son séant, et à grands efforts de volonté il essaya de reprendre son travail. Mais vers le petit jour sa tête fléchit; elle s'appuya, faible et défaillante, sur le bord de la baignoire, et ses bras détendus et tout son corps inerte fuirent sous l'eau. L'orateur de la salle Martel, le Jupiter tonnant des clubistes avait vécu.

C'est à ce moment indécis entre la lumière et l'obscurité que je vis arriver vers moi le docteur Kanali, qui m'attira aussitôt dans le cabinet où le grand clubiste Désormeaux venait d'expirer.

Sans avoir besoin de me prendre à part, car il n'y avait personne autour de nous à portée de nous entendre, il me dit :

— Savez-vous, monsieur Morel, que vous avez une pesante besogne sur les bras dans cette maison, surtout dans des temps infernaux comme ceux que nous traversons?

— Oh! bien pesante, lui répondis-je; mais c'est la vie, elle n'est légère pour personne. Mais l'habitude et la résignation...

— Et puis vous êtes convenablement rétribué ?

— Pas tout à fait comme un maréchal de France.

— Mais enfin ?...

— Terne existence, bien terne, continuai-je en souriant, sans deviner le moins du monde où nous mènerait ce dialogue poussé à peu près sans racine ; mais la satisfaction de servir d'honnêtes gens...

— Il faudrait pourtant ne pas négliger l'occasion d'être utile à soi-même, et vous n'êtes pas riche, j'entrevois, d'après ce que vous me dites, monsieur Morel. Prenez garde !

L'avertissement d'un pareil danger me fit sourire.

— Oh ! certes non, je ne suis pas riche, et il est probable que je ne le serai jamais. Mais qu'y faire ?

— Peut-être aussi n'aimez-vous pas l'argent ? et alors...

— Je l'aime assez, au contraire, mais il ne m'aime pas, et voilà pourquoi on ne nous a jamais vus réunis.

Encore une fois, où nous menait ce dialogue ? me demandais-je.

M. Kanali se mit à me parler encore un peu plus bas.

— On pourrait vous faire avoir dix mille francs, si vous le vouliez.

— Comment, si je veux ! qui donc ne veut pas dix mille francs ? Mais avec dix mille francs et le peu de bien que je possède par mon père, j'irais vivre comme un bon petit seigneur en Normandie, dans un coin de notre belle vallée d'Auge, près de Lisieux. Ah ! si je veux avoir dix mille francs !

— Cela dépend de vous, monsieur Morel.

— De les avoir ?

— De les gagner.

— Voilà. Reste à savoir de quelle manière il s'agit de les gagner.

— Facilement, oh ! très-facilement.

Diminuant alors la portée de sa voix, et m'attirant à deux pas du lit où j'avais déposé Jean-Paul Désormeaux :

— Vous ne doutez pas, poursuivit-il en me désignant le fameux clubiste, de l'impression universelle de regret et de douleur que va faire naître la disparition si imprévue de cet homme si populaire à Paris?

— La douleur et le regret causés par sa perte, je le pense comme vous, seront immenses dans Paris, mais c'est là un malheur irrémédiable.

— Oh! pas tout à fait irrémédiable.

Je regardai M. Kanali avec le même sentiment de discrétion serrée qu'il avait mis à me couler sa dernière phrase.

— Pas tout à fait irrémédiable, répéta-t-il en soutenant mon regard interrogateur.

— Je ne comprends pas, lui dis-je à la fin, les restrictions singulières que vous semblez apporter à l'affirmation du fait le plus évident, le plus irréparable qu'il y ait au monde. Voilà une existence bien éteinte, et vous ne la ranimerez pas.

— Peut-être, vous dis-je encore une fois, monsieur Morel.

— Il n'y a pas de peut-être; et tout grand docteur que vous êtes...

— Pardon; si vous voulez dire que je ne ressusciterai pas l'homme qui est là immobile sous nos yeux comme la pierre, vous avez raison, quoiqu'il ait paru sur la terre des ambitieux, des rivaux téméraires de Dieu, qui aient prétendu... Mais ce n'est pas de quoi il s'agit entre nous.

— Ce n'est pas de cela du tout, affirmai-je : vous parliez de me faire gagner dix mille francs.

— Précisément, et j'y arrive, dit M. Kanali en prenant quelque chose de l'emphase et du son de voix des charlatans de place publique, à ce point que je crus voir entre ses doigts une muscade et sur son habit devenu rouge un tablier à poche d'escamoteur. Je n'ai pas la faculté de ressusciter cet homme, me dit-il ; non, mais j'ai celle de lui rendre la supériorité physique dont il était doué avant d'être comme il est là, c'est-à-dire devenu méconnaissable par la main fatale de la destruction ; j'ai la faculté de lui restituer sa riche carnation, sa pâleur solide et ardente, ses yeux pleins de génie et de révolte, sa bouche armée d'ironie, comme celle de tous les orateurs populaires, depuis Démosthène jusqu'à lui, en passant par Mirabeau. Et quelle renommée, quel triomphe pour celui qui opérerait cette transformation, qui pratiquerait cet embaumement,

8.

grand œuvre sans rapport, grâce à Dieu, avec l'œuvre informe et infâme de ces prétendus conservateurs brevetés et patentés dont l'art consiste à rendre les sujets livrés à leurs mains malfaisantes plus laids, plus défigurés, plus méconnaissables qu'ils n'étaient avant qu'on les leur confiât! La gloire de celui-là serait merveilleuse à envier parmi toutes les gloires de ce temps-ci et de tous les temps; on battrait des mains, on crierait au miracle en le voyant passer; on viendrait de loin pour le voir; l'État ne resterait pas indifférent; il brûlerait de récompenser le créateur de ce prodige. De là sur lui les distinctions, les honneurs, les croix. Si l'on a accablé de places et de récompenses un très-habile homme pour avoir dit qu'il y avait une étoile de plus quelque part dans un carrefour lointain du ciel, comme si cette étoile n'y était pas avant lui et n'y aurait pas toujours été après lui, que ne donnera-t-on pas à celui, que ne fera-t-on pas à celui qui aura découvert bien autre chose qu'une étoile inutile, à celui qui aura donné à l'homme le moyen de ne sortir qu'à demi de la vie quand son heure sera venue de la quitter? La gloire de celui-là sera incommensurable comme le service rendu; et cette gloire peut être la mienne.

— Eh bien! qui vous empêche, docteur, qu'elle soit la vôtre? qui vous arrête?

— Une seule chose, monsieur Morel, une seule.

— C'est peu.

— C'est à vous de le décider. Il faudrait, continua le docteur en m'entourant par le bras avec une familiarité de collègue à collègue; il faudrait que cet homme fût laissé à ma libre disposition pendant quarante-huit heures.

— Celui-là?

— Celui-là.

— Quarante-huit heures! me récriai-je, quand l'autorité exige impérieusement qu'il ait disparu en douze heures, à cause de l'élévation excessive de la température, à cause... de bien des causes. Mais c'est impossible!

— L'autorité!... l'autorité!... murmura impatiemment M. Kanali, mais avec beaucoup de méfiance dans son dédain, sans doute l'autorité... Pourtant, si en lui dérobant cet homme, à l'autorité, on lui en substituait un autre à la place... le premier venu... il y a tant de premiers venus ici en ce moment-ci...

Il jeta un coup d'œil significatif sur la galerie, où tout était d'un silence à permettre au docteur de réaliser, sans exciter la plus légère réclamation, la substitution à laquelle il songeait... Il termina ainsi :

— En ce cas, qu'aurait à dire l'autorité ? qu'y verrait l'autorité ?

Je lui dis à mon tour, quand il eut fini :

— Qui oserait opérer cette substitution ?

— Vous.

— Moi !

— Je vous ai dit le prix assez beau, je crois, que je mettrais à votre condescendance.

Dites : à ma complicité.

— Complicité..., condescendance..., peu importe ! les mots sont des mots. Dites oui, et en échange de ces dix billets de banque, — il m'ouvrit son portefeuille, — vous me livrez cet homme que, dans quelques jours, lorsque ses partisans enthousiastes le croiront disparu pour toujours, je ferai apparaître de nouveau à la lumière, beau d'éclat, réel et superbe d'expression, presque vivant. Acceptez-vous le marché?

J'avoue qu'un instant je balançai; il me sembla à première vue que je ne commettais aucun acte répréhensible en acceptant; mais la réflexion, cette conscience de l'esprit, survenant aussitôt, je compris que mettre un corps à la place d'un autre, c'était gravement contrevenir aux ordres de l'autorité, ordres qui, respectables en tout temps, deviennent sacrés dans les jours périlleux pour la santé publique; je me dis encore qu'il était mal, au point de vue religieux, d'appeler sur un individu les prières destinées à un autre; je pensai enfin au tort moral que je porterais à la maison quand la substitution serait connue, et elle ne manquerait pas de l'être avec un homme comme M. Kanali, héros de fanfares et de réclames; je me dis tout cela sans oublier que ce fut à la suite d'une expérience semblable à celle qu'il me proposait que le docteur avait été renvoyé du Val-de-Grâce. Je refusai donc tout net la proposition de mon tentateur, et je la repoussai de façon à ne lui laisser aucun désir de la renouveler.

Il allait se retirer, car le grand jour se faisait dans les salles; il revint sur ses pas pour me dire :

— Puisque vous avez la déplorable faiblesse de ne pas consentir à gagner dix mille francs, je vais vous prier de deux choses.

J'écoutai.

— La première, c'est que vous garderez le secret sur l'entretien que nous venons d'avoir.

— Je vous promets le secret... L'autre chose ?

— C'est de me dire à l'instant même ce que vous n'avez pas voulu m'apprendre la première fois que je vous l'ai demandé; c'est de m'indiquer l'endroit qui doit nécessairement exister à Paris, l'endroit où se réunissent d'habitude les fossoyeurs.

— Je n'ai pas répondu la première fois à votre question, parce que je ne la croyais pas sérieuse; mais, je le vois, je me trompais. *Ces messieurs,* dis-je au docteur qui m'écoutait de toutes ses oreilles, *ces messieurs* se réunissent tous les jours à six heures, à Montmartre, rue Myrrha, à la crèmerie Myrrha, où ils dînent en commun.

— Eh bien ! aujourd'hui même, me dit en riant le docteur Fabricius Kanali, je dînerai à la crèmerie Myrrha. Mais vous avez eu tort de ne pas accepter, monsieur Morel.

Et il s'en alla en fredonnant ce couplet de vaudeville :

Il est si doux d'enrichir ceux qu'on aime, etc.

IX

La rue Myrrha est à Montmartre : elle commence à la rue de la Chaussée-Clignancourt, et change son nom de Myrrha en celui de Constantine, une fois arrivée à son beau milieu ; beau est ici une façon de parler, car, à vrai dire, ni la rue Myrrha, ni la rue Constantine n'éveillent l'idée du beau ; les deux moitiés se valent : le commencement est aussi laid que la fin.

Rien d'incorrect, de tortueux, de bossué, de mal bâti, de mal pavé, de difforme, de déplorable au pieds et aux regards comme cette longue rue Myrrha. Elle rappelle ces niaises rues de province qu'on appelle Rue de Paris pour honorer Paris, qui se passerait fort bien de cet honneur. Descendant, ou, pour mieux dire, tombant de l'épine dorsale de la chaussée Clignancourt, la rue

Myrrha ressemble aussi à la selle d'un cheval dont les sous-ventrières ont cassé : elle glisse.

Quelle rue! oh! quelle rue! Ici des maisons hautes et maigres s'élèvent, s'allongent tant qu'elles peuvent, comme pour dire : Faites attention à nous, vous qui passez! Et là, au flanc de ces maisons montées en graine, se creuse tout à coup un vide effroyable, à pic, ne s'arrêtant qu'aux toits plats d'une autre rangée de maisons à un seul étage. A la suite de ces maisons à un étage, accrochées aux flancs des grandes, jaillissent d'autres maisons plus grandes encore, mais beaucoup plus laides. Ces dernières sont surchargées de balcons : balcon au premier, au second, au troisième, au quatrième étage. La rue Myrrha est folle de balcons. En fin de compte, toutes ces maisonnasses étouffent toutes ces maisonnettes, les unes pompant l'air et la lumière aux autres. Ainsi de toute la rue; on va constamment de tours d'observatoire en huttes d'Esquimaux et de huttes d'Esquimaux en tours d'observatoire. Quelquefois on rencontre mieux, cependant. Ce sont des groupes de maisons réunies en tas et décorées du nom de cités. Une grille les dénonce sur la rue; une allée d'arbres rachitiques y conduit. On a devant soi un développement de murs percés de trous comme une planche à bouteilles. Ces trous sont des croisées. Et comme ces croisées n'ont pas de jalousies, elles ont l'air d'en avoir été dépouillées après un assaut, un pillage ou par un coup de vent. C'est fou, c'est sinistre. L'été, c'est horrible : on voit monter, descendre, paraître, disparaître, à travers les spirales de ces maisons à jour, et en sueur, des hommes aux bras nus, des enfants plus qu'à demi nus, des femmes aux cheveux en désordre, aux robes ouvertes, flottantes, déchiquetées, en lambeaux; des gamins glissant, pour descendre plus vite, sur la rampe des escaliers; et par la tabatière des toits sortent çà et là des têtes crépues d'ouvriers ouvrant la bouche pour respirer; plus haut enfin, rien, le ciel, les hirondelles.

Au pied de ces maisons plus inégales ou aussi inégales, si vous l'aimez mieux, que les conditions humaines entre elles, des boutiques vous offrent, comme au centre de Paris, tout ce que le désir et le besoin peuvent souhaiter, mais avec un caractère particulier d'entassement, de mauvais goût, d'abandon et de malpropreté. Les marchands d'étoffes semblent vendre des étoffes déjà portées; les cordonniers, des chaussures qui ont perdu depuis longtemps leur fraîcheur; les chapeliers, des coiffures qui ont déjà vu l'eau et qui ont gardé la poussière; les marchands de meubles, des lits qui ont pris plus d'une fois le chemin de l'Hôtel-des-Ventes; les épiciers, des comestibles arrachés à un naufrage, tant ils sont décolorés et flétris; les modistes, des chapeaux sous lesquels on croit voir les vilaines figures qui les ont usés; les horlogers, des pendules en retard de trois jours et des montres qui lancent des éclairs de casseroles. Ceci n'est qu'un effet produit par le mauvais goût et le mauvais entretien; mais ce qui est la réalité même et non une apparence, c'est le voisinage affligeant, c'est le concubinage antipathique de toutes ces boutiques : le marchand de charbon noircit de sa poussière le marchand de glaces; le marchand de plâtre enfarine les gigots du boucher; le marchand de gâteaux se parfume, malgré lui, de l'eau de savon de Windsor que jette éternellement devant sa porte le barbier; le barbier, à son tour, se perd et s'obscurcit dans la fumée résineuse du boulanger; l'enseigne de la sage-femme penche, décrochée, sur l'enseigne du marchand de parapluies; celle du marchand ferblantier sert de visière au papetier qui, de son côté, allonge sa montre au milieu des abricots et des salsifis de sa voisine la fruitière.

Charmante rue que la rue Myrrha à Montmartre.

Nous avons dit qu'elle changeait de nom vers son milieu; ce milieu est indiqué par la rencontre de la rue Lévisse, qui coupe perpendiculairement la rue Myrrha. C'est un peu avant cette rue Lévisse, et toujours dans la rue Myrrha, que fleurit la crèmerie de ce nom, la célèbre crèmerie Myrrha, dont nous allons parler.

La crèmerie Myrrha offre à ses amis comme à ses ennemis un développement de surface qui se compose, à droite et à gauche de sa porte d'entrée, d'un système d'étagères en lames de gros cristal, défendu par un vitrage; mal défendu, le cristal est d'une nuance un peu vert bouteille, mais les étagères sont nombreuses et d'une agréable variété de produits. Cette variété étonne, effraye d'abord, car le mot crèmerie n'indique à la rigueur qu'un établissement où l'on débite du lait, des œufs, du beurre et du fromage.

Qui pourrait dire, fût-ce Hérodote, tout ce qu'on vend, tout ce qu'on trouve, tout ce qu'on rencontre à la singulière crèmerie? Ainsi, à travers la douteuse pureté du vitrage de droite, on aperçoit une coupe en plaqué, ornée de sa cuiller en même métal, double ustensile indiquant assez qu'on boit quelquefois du punch dans l'établissement faussement dédié au laitage. On se prend à regretter, en la voyant, que le temps ait dévoré la légère couche d'argent étendue sur les flancs de ce bol. Le cuivre rouge a vaincu l'argent. Une demi-douzaine de fortes tasses en fausse porcelaine, autour desquelles court un double liséré bleu pâle, viennent se ranger à la suite du bol. Aucune d'elles n'est intacte; celle-ci boite, celle-là est édentée, cette troisième est fendue du haut en bas, comme la tour de Coucy-le-Château. N'insistons pas sur les blessures des autres. Mais on prend donc du café comme on prend du punch à la crèmerie Myrrha?

On y prend même du lait, car voici une terrine de terre cuite vernissée pleine de lait; ce lait est à demi couvert de mouches qui le couvriraient entièrement si elles ne partageaient leurs caresses avec une autre terrine écornée dans laquelle flottent des pruneaux. Ces charmants insectes vont du lait aux pruneaux sans que rien les trouble dans leurs plaisirs. C'est merveilleux à voir que les traces de leur séjour dans la crèmerie Myrrha. Tout est brodé de leurs pattes et de leurs trompes ingénieuses : les glaces, les carreaux, les boiseries, les chaises, les papiers, les tentures, les plafonds ont souffert à ce point de leur incrustation qu'on peut dire sans exagération que les glaces sont déjà cristal et mouches, les boiseries bois et mouches, les plafonds plâtre et mouches, en attendant de n'être que mouches.

La seconde étagère de la crèmerie montre encore aux passants une jatte énorme pleine jusqu'aux bords, quelquefois au delà des bords, de chocolat à la crème; la crème a disparu, le chocolat se devine. La place d'honneur entre ce lac jaunâtre et une espèce de pyramide en faïence d'où sortent, fichées par leur tuyau, des pipes culottées, est occupée par un morceau de veau d'un rouge vif, enveloppé dans des longes excessivement développées, longes qui pourraient, en temps de guerre, devenir des prolonges d'artillerie. Le dimanche, on dessine un ovale avec des rouelles de carottes autour de ce maître morceau ; mais assez souvent le morceau de veau lui-même est remplacé par un lapin placé sur le plat dans une attitude pittoresque : on dirait qu'il va courir.

Ce lapin fait le dos d'âne ; sur ce dos, une main ingénieuse sème ordinairement, au lieu de rouelles de carottes, des rouelles d'oignons, hiéroglyphe culinaire qui veut dire que le lapin sera aux petits oignons, c'est-à-dire délicieux ; et pour preuve qu'il n'y a aucune erreur d'histoire naturelle de la part du cuisinier, un chat vivant, d'un roux particulier aux chats des restaurants de banlieue, dort auprès du lapin, sur l'étagère.

Au delà du veau et du lapin, on voit des bouteilles de cirage, une boîte à thé dédorée, un bocal à cerises et un buste en plâtre de

Béranger, le tout picoté, défiguré par la petite vérole des mouches.

Tout en haut, tout en haut, tout à fait à la dernière étagère, on distingue les porcelaines de gala, deux vases avec des roses artificielles et une corbeille également en porcelaine, mais à jour; les jours sont des losanges. Quelquefois, par ces losanges, on voit sortir des flocons d'étoupe. Pourquoi cette étoupe? J'ai su pourquoi : parce qu'on y met les œufs qu'on veut conserver. Le fond du mur où s'adossent ces étagères, peint autrefois à grosses fresques, présentait des sujets tirés des plaisirs cynégétiques relatifs à la table. C'était, à mi-hauteur, une chasse au sanglier; au-dessus, une chasse au chevreuil. Cette peinture parlante a disparu. Il s'y mêlait trop d'ironie pour que les habitués en aient jamais demandé la restauration. Quel rapport possible entre leurs repas et le chevreuil ou le sanglier?

Mais on mange donc à la crèmerie de la rue Myrrha?

Les étagères placées à la gauche de la porte d'entrée accusent qu'on y boit aussi.

Sur le première se dressent, inégales mais

pressées, les bouteilles de cognac, de vieux rhum et d'eau-de-vie de marc qu'on paraît affectionner extrêmement dans la rue Myrrha. La liqueur n'y fleurit pas moins ; les dames ne sont pas oubliées. On lit sur des étiquettes illustrées : *Élixir de noyau, — Fleur de jasmin, — Larmes d'Adonis, — Esprit de Béranger, — Rosée des lèvres, — Crème de cassis, — Eau des anges, — Lait d'amour.* Non, elles ne sont pas oubliées les dames, car à côté d'un pavé de fromage de Gruyères, on voit éparpillés dans une assiette à soupe, l'été, des billets à moitié prix pour le bal du Château-Rouge, l'hiver, des billets pour les bals de l'Opéra, et en toutes saisons des billets à prix réduits pour les concerts et autres divertissements.

L'étagère qui surplombe celle-ci appartient plus particulièrement aux fruits et à la toilette du beau sexe. J'ai vu, sur cette étagère, un corset hérissé de toutes ses baleines se pavaner entre un panier de noix et une corbeille de pommes d'api ; les pommes semblaient être devenues api en regardant la partie supérieure de cet ornement qui portait un écriteau piqué avec une épingle où on lisait : « Occasion. »

Dans la seconde moitié de la même étagère, il y a une perdrix empaillée, comme pour prouver qu'à la crèmerie Myrrha le gibier n'est pas tout à fait inconnu. Ce petit chef-d'œuvre de taxidermie coudoie une planche de lard posée de champ, symbole autrement vrai que celui de la perdrix, la soupe au lard dominant beaucoup plus le long de l'année dans l'établissement que la perdrix aux choux. La fin de l'étagère est consacrée à l'exposition d'une superbe tête de veau destinée à être savourée à la poulette ou à la vinaigrette, ou en tortue. Elle attend mélancoliquement son sort avec un bouquet de persil dans les narines.

Quant à la troisième étagère, elle est prise entièrement par des carrés imprimés collés sur le vitrage même. Sur ces carrés peu renouvelés, on lit : — *Bouilli de bœuf,* — *Œufs sur le plat*, — *Côtelettes panées,* — *Bœuf aux choux,* — *Bouillon à toute heure,* — *Repas de corps,* — *Gras double,* — *Pruneaux,* — *Liqueur hygiénique de Raspail.*

Mais la demie de cinq heures vient de sonner au clocher télégraphique de l'église de Montmartre : le docteur Kanali s'arrêtait à l'entrée peu monumentale de la crèmerie Myrrha. Il arrivait. Avant d'y pénétrer, il chercha à s'assurer que c'était bien là l'établissement que je lui avais indiqué le matin sans avoir eu le temps, toutefois, de lui en détailler les traits avec la précision du burin, et au point qu'il le reconnût sans quelque hésitation. Il se l'était figuré beaucoup moins grand. De là, en entrant, sa longue surprise à l'aspect de l'interminable perspective de tables qui va se rencontrer avec l'égale perspective de solives blanchies à la chaux qui soutiennent le plafond. Il en fut comme troublé. Il crut avoir devant lui le réfectoire d'une population entière; c'était un peu ça à la vérité.

Il avança toujours, et il vit alors que cette profondeur se terminait par une haute cloison vitrée, derrière laquelle il apercevait d'autres banquettes, d'autres tables; et, enfin, il vit au delà de ces deux salles gigantesques, à l'extrême éloignement, flamber un grand feu, une cuisine de l'enfer, une cheminée de Gargantua, où ruisselaient, de bas en haut, des torrents de flammes, où craquaient et grésillaient des brassées de bois sec incessamment livrées à ces flammes, et où tournaient six paires de broches, spectacle gai, bruyant, vivant au possible, et qui mériterait à coup sûr d'être vu si une trop forte odeur de victuaille et de cuisine hardiment beurrée ne vous saisissait à la gorge et aux yeux.

A l'aspect de ce fastueux espace, le docteur Kanali se permit plus d'une réflexion; et, en allant se placer au centre de la crèmerie, où les dîneurs affluaient déjà, il se dit qu'il n'aurait jamais supposé si nombreux à Paris les hommes d'espèce particulière qu'il venait y chercher. Son étonnement, déjà très-grand, se doubla d'un étonnement plus grand encore en voyant entrer, au moins en nombre égal aux hommes, des quantités de femmes.

La plupart de ces femmes n'étaient pas accompagnées. Elles prenaient place autour des tables sans plus de façon. Beaucoup d'entre elles se mettaient aussitôt à causer avec les hommes sur le ton de la plus large familiarité. Qu'étaient-ils les uns aux autres? Kanali se tourmentait l'esprit dans son coin pour le savoir et surtout pour s'expliquer d'une manière à peu près satisfaisante comment des fossoyeurs avaient des habitudes si faciles, si répandues, et se trouvaient ainsi mêlés à la société des femmes, lesquelles, en général, quel que soit leur rang, sont assez peu disposées à accueillir et à faire bonne grâce aux gens de cette profession peu attractive dont il supposait l'assemblée entièrement composée. Il était destiné à tomber de surprise en surprise. Jugez-en.

Que reconnut-il dans beaucoup de ces dîneurs arrivant par groupes de minute en minute à la crèmerie Myrrha et s'emparant des tables vacantes? D'anciens camarades de théâtre! oui, des acteurs! et des acteurs avec lesquels il avait joué autrefois la comédie. Comme lui, sans doute, ils avaient vieilli de vingt ans; mais ils avaient eu beau vieillir, il les retrouvait dans sa mémoire, ce qui lui fit craindre, par la même raison, d'être reconnu par eux. Il se colla au pilier où sa table s'adossait, et il s'enveloppa dans la fumée de son potage. On va voir que la précaution ne lui fut pas d'un grand secours. Mais quelle étrange chose! des comédiens là où il était accouru chercher des fossoyeurs; se serait-il trompé d'endroit? Non... il se trouvait bien réellement à la crèmerie Myrrha. Y avait-il réunion des deux catégories? Pouvait-on l'admettre? Les rires et les larmes ensemble, et à la même heure, et à la même nappe? Non. Impossible à admettre! D'ailleurs, où eussent été les larmes? Il voyait bien le rire, mais il ne voyait rien qui trahît la douleur, même officielle, même de commande, pas même sur les habits. Tous ces gens-là, sans être des modèles d'élégance, la saison y aidant, étaient très-gaiement habillés. Ils porteaient des chapeaux de paille, des vestes à la créole, des pantalons blancs... Il y avait donc erreur dans sa présence en un pareil endroit, revenait-il à penser; il se disait peut-être aussi que j'avais eu l'intention de m'amuser de lui... Mais quelqu'un, pendant qu'il ruminait ces réflexions, vint s'asseoir à sa table, et ce quelqu'un le regarda fixement. Vainement chercha-t-il à ne pas remarquer qu'il était l'objet d'une attention persistante; ce regard l'impatienta beaucoup, il l'impatienta au point qu'il se vit obligé ou de quitter la table ou de demander à ce curieux mal élevé quel motif il avait pour le dévisager ainsi...

— Mais, monsieur, lui dit M. Kanali, il me semble...

— Il me semble, interrompit le curieux impertinent, que je suis Saint-Aimable et que tu es Belleville.

— Je ne suis pas Belleville.

— Comment ! tu n'es pas Belleville ? Tu es parfaitement Belleville ; je te reconnais, nous avons joué ensemble la comédie ; d'abord, ne te déplaise, au *Luxembourg,* à vingt francs par mois, puis aux *Folies-Dramatiques,* chez le père Mourriez, qui nous payait également fort peu, mais qui nous traitait fort mal ; puis à la *Gaîté,*... puis...

— Je n'ai joué la comédie nulle part, monsieur, apprenez cela de moi ! se récria le docteur, honteux et heureux à la fois de la rencontre, blessé dans son orgueil, charmé dans ses souvenirs, prêt à étrangler M. Saint-Aimable, qu'il eût voulu en même temps embrasser de toutes ses forces.

— Tu n'as joué la comédie nulle part, dis-tu ?

— Non, monsieur, et ce tutoiement inconvenant...

Kanali fit le mouvement de se lever; Saint-Aimable le retint par le bras.

— La preuve, dit-il au docteur, que tu l'as jouée, c'est que tu la joues encore en ce moment : un peu mieux, par exemple, que tu ne la jouais autrefois.

— Monsieur! à la fin!...

— Ce n'est pas encore la fin, nous ne sommes qu'au prologue, mon cher Belleville.

— Monsieur ! cette grossière importunité...

— Veux-tu accepter un verre de madère en l'honneur de ton retour parmi nous?

— Parmi vous; parmi qui?

— Parmi qui?... Il le demande, ô dieux immortels! parmi nous, comédiens, cabotins, bohèmes, tout ce que tu voudras, qui venons chaque jour prendre nos repas ici, où l'on a des égards et de la bonté pour le payement. Car nous ne sommes pas heureux, Belleville, depuis la dernière révolution, qui ne s'est pas faite, oh! non, en notre faveur. Mais veux-tu accepter le verre de madère sec que je te propose, dis?

— Non, monsieur, dit Kanali qui brûlait

cependant de trinquer avec son vieux camarade du jeune temps.

— Ah! c'est mal, Belleville, c'est très mal. Tu nous aurais raconté ta campagne d'Italie, qui ne fut pas aussi heureuse que celle du général Bonaparte. Michelin, le jeune premier de cette troupe ambulante dont tu faisais partie, est le seul qui soit revenu vivant à Paris.

— Michelin n'est pas mort! Il est ici!

— Tu le connais donc? Ah! tu le connais!

Le docteur s'était trahi; il balbutia :

— Non... il y a tant de Michelin... J'ai connu un Michelin... chirurgien... voilà comment...

— Voilà comment tu t'es démasqué! Garçon, du madère!

Kanali, à bout de défaites et voyant qu'il s'était compromis, se leva résolûment cette fois et fit un demi-tour pour s'éloigner; il se sentit fortement attiré par deux bras et retenu contre une volumineuse poitrine. Il regarde, une énorme bouche de financier... de comédie lui dit nez à nez, en riant et en l'étouffant d'embrassades :

— Michelin! qui t'a donné si longtemps

la réplique, le petit Michelin, maintenant le gros Michelin.

L'émotion eut le dessus sur l'orgueil.

Le docteur, attendri, embrassa à son tour Michelin; et puis tous les trois s'embrassèrent.

— Mais ne me trahissez pas, leur dit le docteur; je ne suis plus comédien.

— Qu'es-tu donc, malheureux?

— Je suis riche.

— Tu es riche!

— Je suis célèbre.

— Célèbre!

— Je suis médecin.

— Médecin!

— Je suis même Allemand.

— Et Allemand!

— Allemand.

— Rien que cela!

— Alors, racontez-nous, seigneur, par quel miracle...

X.

— Pas en ce moment. Dites-moi plutôt vous deux les premiers, et je vous en supplie, où je suis, car je vous avoue que tout ce que je vois ici depuis une heure me déroute au point que je n'ai plus conscience de moi-même.

— Mais tu es dans la fameuse crèmerie Myrrha.

— Très-bien; mais j'espérais trouver dans cette crèmerie...

— Quoi? qu'espérais-tu?

— Mais non... Encore une fois, parlez les premiers... vous ne me croiriez pas si vous saviez dans quel but je suis ici... et combien j'y ai peu rencontré ce que je cherchais... Je t'en prie, Saint-Aimable, mets-moi au courant de la localité... pour que je sache...

— Superbe localité! dit Saint-Aimable,

pendant que le docteur faisait apporter les meilleurs vins de la maison, ce qui ne veut pas dire qu'ils appartenaient aux meilleurs crus ; commençons, s'il vous plaît, par la maîtresse de l'endroit.

La personne que tu vois assise au comptoir est Mlle Zélie Patriarche, qui l'occupe depuis dix ans. Elle l'a conquis, pourrait-on dire, car, avant d'être la souveraine de la crèmerie Myrrha, elle en fut longtemps, elle, la modeste commensale, la sujette. Ses charmes déclinant et ses économies ayant atteint un chiffre élevé, elle acheta un beau jour la crèmerie. Voilà comment elle est montée sur ce trône d'acajou qui est parfois un tribunal, parfois un confessionnal. C'est du haut de son comptoir, et alors c'est un trône, qu'elle commande, dicte ses ordres à ses employés, cuisiniers, garçons de salle et demoiselles de service ; c'est là qu'elle reçoit les plaintes, et alors c'est un tribunal, du convive qui paye et qui veut être traité selon son argent ; enfin, c'est là qu'elle écoute les aveux de celles qui payent peu et les soupirs de celles qui ne peuvent plus payer : le comptoir se change alors en confessionnal.

Zélie Patriarche aima et elle fut belle, mon cher Belleville. On le voit encore aux ruines superbes qu'elle réfléchit par le dos dans la haute glace dressée derrière elle. Il lui est resté une magnifique chevelure blonde et des épaules richement arquées. Dans le monde, elle aurait encore à faire deux ou trois conquêtes de très-jeunes gens, si elle éprouvait l'orgueil retardataire de tirer parti de ses beaux débris. Elle préfère les conserver pour la dignité de sa maison. On ne sait pas, du reste, combien les renoncements au monde sont plus complets et plus sincères chez ces femmes-là que chez les femmes de la vie honnête et régulière. Bien plus vite et plus résolûment elles se retirent de la scène et rentrent dans les coulisses. Leur philosophie est profonde; on connaît l'excessive rigidité de leurs mœurs quand il leur arrive de se convertir au bien. Alors c'est plus qu'un changement de mœurs qui s'opère chez ces grandes erreurs, c'est presque un changement de sexe : elles deviennent hommes par la haute maturité de leur intelligence.

— Mais je ne connaissais pas ce monde-là.

— Connais-le donc à fond, cher Belleville.

— Sans avoir encore atteint cette dernière perfection, continua Saint-Aimable, Mlle Zélie Patriarche a déjà su acquérir le bon sens de se mettre en mesure de soutenir la bataille avec les mauvais jours de la vieillesse. Elle s'est bâti cette forteresse d'où elle la verra approcher sans effroi. Elle a payé douze mille francs le fonds de cette crèmerie, qui en vaut depuis qu'elle l'a achetée plus de trente mille, et là-dessus elle a vécu et payé beaucoup d'anciennes dettes.

Peu de personnes, il est vrai, continua encore Saint-Aimable, auraient été comme elle en position d'augmenter la valeur de la maison. Elle connaissait tant de gens et tant de professions avant d'y prendre sa retraite! Ce sont ces gens-là qu'elle a attirés; c'était sa propre clientèle. Cette clientèle-là venant s'ajouter à celle qu'elle avait achetée en achetant l'établissement, ces deux populations d'habitués offrent une physionomie des plus mélangées. Tu as devant toi l'échantillon des types pris dans les deux sexes qui s'asseyent chaque jour à ses tables : écoute et regarde.

Voilà de petits employés ratatinés gagnant de douze à quinze cents francs ; voilà des veuves dont les maris n'ont pas laissé derrière eux plus de trace que le capitaine Franklin ; voilà des débiteurs chroniques chassés de Paris de rue en rue, de maison en maison, de toits en toits, réfugiés enfin dans les impénétrables anfractuosités de Montmartre et de Batignolles ; voilà de petites rentières de la rue des Martyrs, de la rue Rochechouart, de cent autres rues de la même famille, ne dînant jamais chez elles parce qu'elles craignent l'odeur de la cuisine et qu'elles n'ont pas de cuisinières ; voilà des négociants douteux, véreux, frauduleux, qui achètent le matin des marchandises à crédit, et qui les vendent au comptant une heure après, avec cinquante pour cent de perte ; leur nom est très-connu sur la place... du Palais de justice ; voilà de vieilles joueuses à la Bourse, qui offraient leurs charmes pour garantie, quand elles avaient des charmes.

Voilà, près de la croisée, des peintres méconnus depuis quarante ans, qui ne sont pas même parvenus à être peintres d'enseigne, parce que, pour être peintre d'enseigne à

Paris, il faut un certain talent et une aptitude spéciale; voilà, à l'autre croisée qui fait l'angle, des écrivains qui promettent; voilà, à côté, des écrivains qui n'ont rien tenu; voilà, à leur droite, des comédiens qui commencent et des comédiennes qui ont fini; voilà, entre deux poëtes, de jeunes actrices qui ne mettent pas encore du rouge pour jouer, et, plus loin, de vieilles actrices qui en mettent plus que jamais depuis qu'elles ne jouent plus; voilà des jeunes premières qui rêvent le phénix d'un engagement avec le Palais-Royal ou les Variétés; de grandes coquettes que le directeur de la Porte-Saint-Martin ou du Vaudeville promet toujours de venir entendre à leurs débuts au théâtre de la *Tour-d'Auvergne*, et que nul d'eux n'a jamais entendues et n'entendra jamais; jeunes filles qui se disent élèves du Conservatoire et qui le sont malheureusement pour le Conservatoire; voilà enfin des directeurs toujours en train de *monter* des troupes pour la saison prochaine, faux prétexte à la faveur duquel ils dînent à crédit pendant tout le temps qui précède cette fameuse saison qui n'a encore été indiquée sur aucun calendrier. Et puis, là-bas, là-bas, ce sont encore des centaines d'autres caractères, de demi-caractères, de nuances, de profils humains, que je te dirais tous, mon cher Belleville, si nous n'étions très-pressés, notre camarade Michelin et moi, de savoir si, parmi toutes les catégories de gens, d'hommes, de femmes et de professions que je viens de te faire passer sous les yeux, il y a ce que tu es venu chercher ici.

— Non, ça n'y est pas, répondit le docteur, un peu étourdi par l'énumération débitée sans prendre haleine par son ancien camarade.

— Comment! ça n'y est pas! s'écrièrent ensemble Saint-Aimable et Michelin; et qui diable alors viens-tu donc chercher?

Kanali répondit :

— C'est inutile à dire, du moment...

— Non, ce n'est pas inutile; voyons, parle...

— Encore une fois, mes bons amis...

— Encore une fois, parle, si nous sommes tes amis.

— Eh bien!...

— Eh bien?

— Je viens chercher ici un fossoyeur...

— Il y en a.

— Comment! il y en a?

— Mais oui. Il y a ici autant de fossoyeurs que de comédiens.

— Mais alors on ne m'avait pas trompé?

— Pas le moins du monde, puisque tu en as deux devant toi.

— Deux quoi?

— Deux fossoyeurs, pardienne!

— Deux fossoyeurs?... Je ne vois que vous deux...

— Eh bien! moi et Michelin, nous sommes deux fossoyeurs.

— Allons donc! vous êtes deux comédiens.

— Cela n'empêche pas. Ainsi, moi, je suis au théâtre le second comique Saint-Aimable, et en ville le fossoyeur Piquelard.

— Qu'entends-je!

— Et moi, dit Michelin, je suis au théâtre l'utilité Michelin, et en ville le fossoyeur dit Fleur-des-Champs.

— Bon Dieu! que me dites-vous là? Je m'en félicite d'abord de tout mon cœur, dans l'intérêt du motif qui m'amène ici, mais j'en suis on ne peut pas plus surpris comme étrangeté.

— Il n'y a rien de bien étrange là dedans, et quand tu sauras... du reste, tu vas savoir tout de suite pourquoi nous sommes, moi, Michelin et bien d'autres qui sont ici, comédiens et fossoyeurs.

— Ah! je vous écoute avec un double intérêt, mes bons amis.

Mais il était tout à fait impossible en ce moment d'écouter. La crèmerie Myrrha était en mouvement, en rumeur, en folle ébullition sur toute sa surface.

— Qu'est-ce donc? demanda le docteur, qu'arrive-t-il?

— Il est d'usage à la crèmerie, lui répondit Saint-Aimable, qu'entre le dessert et l'instant où l'on sert le café les habitués jouent entre eux quelque divertissement local, une espèce d'improvisation. Le dessert est fini et l'on attend le café, c'est donc le moment où la scène dont je te parle va se donner. Nous sommes donc forcés si nous voulons nous entendre, cher Belleville, de retarder de quelques minutes, nous, l'explication que tu désires avoir de Michelin et de moi touchant notre double profession de comédien et de fossoyeur, toi, d'attendre également quelques minutes pour nous dire dans quel but, car enfin nous tenons excessivement à le savoir, tu es venu ici raccoler des fossoyeurs.

— Messieurs et Mesdames, dit une voix sonore et pleine, une voix de régisseur, et ce devait être, à coup sûr, celle de quelque régisseur sans emploi, nous aurons l'honneur, mon vis-à-vis, moi et mon camarade Tavel de Saint-Georges, de vous faire entendre aujourd'hui, si vous le trouvez bon, les *Échos de la ville damnée*. Que chacun, en conséquence, reprenne sa place afin que le silence se rétablisse.

— Qu'entend-il par les *Échos de la ville damnée ?* demanda aussitôt le docteur Kanali.

— Tu as raison, répondit le camarade Saint-Aimable au camarade Belleville; absent de Paris depuis plus de vingt ans, il est de toute impossibilité que tu devines ce que signifient ces mots les *Échos de la ville damnée.*

— Instruis-moi donc.

— Je le ferai en peu de mots, car la pièce

va commencer : du faubourg Poissonnière à la Madeleine, tire une ligne ; des deux extrémités de cette ligne, tires-en deux autres qui viennent se rencontrer ici où nous sommes, à Montmartre, et tu auras dessiné un espace assez vaste pour contenir une ville grande au moins comme Toulouse. Cette ville, dont tu viens de tracer le contour, est peuplée d'une population distincte ; population classée depuis son origine au chapitre des femmes déchues.

— Ah ! oui, j'ai entendu parler... les lorettes.

— Chut ! malheureux... tu es chez elles ici, tu en es entouré... ne va pas te perdre... et parlons bas. Il y a donc à Paris, comme je viens de te l'exposer, au cœur même de Paris, au centre des boulevards, des théâtres, des chemins de fer, une ville immense uniquement peuplée du nord au sud, de l'est à l'ouest, de ces femmes-là. Elles ont une ville entière à elles. Peut la voir qui veut. Tu la verras ; tu verras les petits hôtels de carton de ces dames, les appartements construits à leur intention ; tu verras aussi leurs marchés, leurs fontaines, leurs théâtres, leurs promenades, et tu connaîtras la physionomie de la *Ville Damnée.*

— Je commence à la deviner par ta description.

— Encore quelques détails de mœurs et tu comprendras alors, comme nous tous, la scène des *Échos* qui va se jouer devant toi.

On se lève fort tard dans la ville damnée, par la raison qu'on s'y couche fort tard aussi. Quand le Paris de l'autre côté du boulevard Montmartre, du boulevard des Panoramas et du boulevard des Italiens a déjà ses boutiques ouvertes, ses cafés éveillés, sa circulation établie, tout est encore bouclé, barricadé, endormi dans le paresseux quartier Bréda, des Martyrs, Rochechouart, et généralement dans toutes les rues, filles et petites-filles de ces quartiers-là. Pas de café ouvert dans cette zone, pas de fiacre ébranlant le pavé, pas de magasin d'ailleurs ayant encore écarquillé ses vitres. Les laitières seulement, ces éternelles laitières qui sont à la même place depuis Julien l'Apostat, depuis la fondation de Paris, occupent leur angle au seuil des portes.

Cependant la minute arrive où toutes les

portes des rues que je viens de te nommer s'entr'ouvrent, et l'on voit alors apparaître ici de profil, là représentées par une main seulement qui se glisse entre les deux bois de la porte, là en jupon court, là en pantoufles furtives, là en cheveux épars, là en bonnet encore chiffonné par les tempêtes de la nuit, là en fichu, l'été en simple peignoir à la créole et les jambes nues, ces mêmes femmes qu'on a vues la veille, il n'y a que quelques heures, se rendre chez elles en voitures de remise, en fiacres, en cabriolets de maître, en phaétons, en américaines, et en descendre en galantes toilettes, avec de gros bouquets cueillis au passage de l'Opéra et dans les serres des galeries Jouffroy. Ce sont les mêmes femmes; on les voit revenir le soir du bois de Boulogne, du bal d'Asnières, du Château des fleurs, de tous les spectacles de Paris; et on les voit le matin venir elles-mêmes, faute d'une domestique, acheter modestement leur lait à leur porte. Beaucoup, parmi ces dames si rapidement métamorphosées, se hasardent jusqu'au bout de la rue pour aller chercher chez le boulanger, chez l'épicier, le complément du premier repas de la journée. Et ce manége bizarre, à peine croyable si l'on n'en avait été témoin, se répète chaque jour avec le même contraste de faste et de misère.

Maintenant, mon cher Belleville, continua Saint-Aimable, suppose-toi, par une nuit claire et silencieuse, suppose-toi planant du haut des airs sur la *Ville damnée* avec nous tous qui nous prêtons à cette fiction; suppose aussi, nouvel Asmodée, que tu demeures suspendu de cette manière jusqu'au matin, et tu auras la clef des *Échos*, et une peinture beaucoup plus exacte et beaucoup plus colorée encore de cette double existence d'éclat suprême et de misère profonde dont je viens de te parler.

Un dernier appel au silence fut jeté sur l'assemblée, et les deux acteurs chargés de jouer la scène des *Échos* commencèrent.

Attention ! attention !

Échos de nuit de la rue Pigalle.

— Charmante soirée ! Alphonse.
— Délicieuse ! Florentine.
— Pas si délicieuse pour moi qui ai perdu dix louis au baccarat.

— Florentine, je te rendrai le double de cette somme si tu veux me dire avec qui tu l'as perdue.

Échos de nuit de la rue Saint-Georges.

— Ai-je mangé des écrevisses à la bordelaise ! j'en crève. Si nous allions encore en manger, Gontran ?

— Y penses-tu, à deux heures du matin, Anaïs ?

— Pourquoi pas ? l'écrevisse n'a pas d'heure.

Échos de nuit de la rue Turgot.

— La figure de ce Russe me revient. Il est laid, mais il manque complétement d'élégance.

— Marquis, passe-moi un cigare.

— Paquita, tu en as déjà fumé quinze.

Échos de nuit de la rue La Bruyère.

— Je veux retourner à la cascade !

— Moi aussi ; retournons-nous à la cascade ?

— Mais, mes chères bonnes, les chevaux sont sur les dents.

— A la cascade! à la cascade!
— Cocher, retournez à la cascade.

Échos de nuit de la rue d'Aumale.

— Dieu! que je dégusterais volontiers une glace au marasquin!
— Et moi une demi-douzaine de sardines!
— Si nous allions souper?...
— Bonvallet, mesdames, est fermé maintenant; y songez-vous?
— Il rouvrira pour nous. Chez Bonvallet!
— Chez Bonvallet!

Échos de nuit de la rue de La Tour-d'Auvergne.

— Décidément Mabille devient trop bon genre.
— Que veux-tu, Zoé, tout finit dans ce monde!
— Qu'est-ce qu'on a fait aujourd'hui à la Bourse?
— Veux-tu me laisser dormir!

Échos de nuit de la rue de Douai.

— Nous voici bientôt arrivés, Dieu merci!
— Qui est-ce qui m'a pris mon soulier?

— C'est l'agent de change qui a levé le pied ce matin.

— Pas de plaisanterie, rendez-moi mon soulier et mon bas.

— Bon! ce n'était que son soulier, c'est son bas maintenant.

Échos de nuit de la rue de Navarin.

— James, vous renouvellerez demain ma jardinière.

— Oui, ma chère, j'y pensais.

— Et vous m'enverrez cinquante bouteilles de l'Ermitage-Bergier.

— Je vous en ai envoyé cinquante bouteilles avant-hier.

— C'est bien pour ça : et six chartreuses avec.

— Vertes ou blanches?

— Six vertes et six blanches.

— Mais alors ça fait douze chartreuses?

— Je ne dis pas non.

Échos de nuit de l'avenue Frochot.

— Comment trouves-tu ma mantille, Delphine?

— Admirable, et combien?

— Pas cher.

— Mais chez le marchand?

— Chez le marchand, trois mille francs.

Échos de nuit de la rue Fontaine.

— Gaston, tu m'enverras une loge du Vaudeville?

— Tu l'auras à midi, ma minette chérie!

— Pas le numéro trente-trois, entends-tu?

— Pourquoi ça? on voit très-bien de cette loge-là.

— Oui, mais on n'est pas vue.

— C'est juste.

Échos de nuit de la rue de la Tour-des-Dames.

— Qui a une femme de chambre à me donner?

— Et la tienne, qu'en fais-tu?

— Elle m'a quittée la nuit dernière.

— Bah!

— Parole! Pour entrer immédiatement chez un Brésilien veuf.

Échos de nuit de la rue Blanche.

— Messieurs, vous allez monter prendre un thé chez moi.

— Il est bien tard, Mathilde.
— Pur caravane, jaune comme l'ambre.
— Là ! cocher, arrêtez !

Échos de nuit de la place Bréda.

— Jules ?
— Eh bien ?
— Tu ne t'en iras pas, sais-tu ?
— Pourquoi donc ?
— Tu veux aller au Cercle.
— Ensuite ?
— Tu vas jouer.
— Non : c'est pour lire le *Moniteur*.
— Laisse-moi ton argent ou tu ne t'en iras pas.

Messieurs et mesdames, les échos de la nuit étant épuisés, nous allons passer aux échos du matin.

XI

Échos du matin de la rue Pigalle.

— Vite, pour trois sous, la laitière.

— Voilà. Vous faut pas des œufs, madame?

— Combien les vendez-vous?

— Deux sous pièce.

— Donnez-m'en six, je vous payerai demain.

— Je vous les vendrai demain.

Échos du matin de la rue Saint-Georges.

— D'où viens-tu, Rosine?

— Du boucher. Je rapporte ce gigot.

— Tu l'as payé?...

— Dix francs.

— Dix francs! Il est donc en or massif?

— Il est à crédit massif.

— Je comprends. C'est comme moi... j'ai payé ces deux côtelettes quarante sous.

— Tu les as donc prises à crédit aussi ?

— Pas tout à fait. Mon boucher m'en vend une à crédit, l'autre comptant.

— Et il te vole vingt sous à prendre sur l'une et sur l'autre. Il est encore plus fort que le mien.

Échos du matin de la rue Turgot.

— Monsieur Munich, combien m'achetez-vous ce bracelet ? Il a coûté trois cents francs.

— Che fous en tonne cingande vrancs.

— Mais c'est un vol à main armée.

— Bas un liard te blus.

— Oh ! être obligée !... Donnez-moi cinquante francs ?

— Bas encore ! Il vaut, afant te fous les tonner, que che fous agombagne chez fous, et que che temante à fotre bordier si fous temeurez pien réellement tans fotre maison où fous allez me gontuire. La bolice l'excige. Il y avre dant te foleuses tans ce gardier !

— Voilà une bien autre misère ! Vous

voulez que je fasse connaître à mon portier que je vends mes bijoux? Mais c'est atroce!

— Blaignez-fous à la bolice.

— Voyons, n'y a-t-il pas moyen?...

— Il y a un moyen, ya, un bedit moyen.

— Ah! voyons-le.

— Un zeul. Au lieu te fous tonner cingande vrancs te fotre pracelet, bour me goufrir tu risque que che gours en fous fentant sans fous gonnaître, je ne fous tonnerai que garande vrancs. Hein! c'est choli de ma bart?

— Vous me retiendrez encore dix francs!

— Ya, ya, rien que tix vrancs bour ne bas aller aux invormations chez fotre bordier.

— Comptez-moi ces quarante francs; finissons-en.

— Boilà, en pelles bièces de cinque vrancs doudes neufes.

— Il manque cent sous! brigand!

— C'est chuste... Tites tonc, fous êtes bien cholie, safez-vous?

— Qu'est-ce que vous dites? Ah! il ne manquerait plus que ça!

Échos du matin de la rue de La Bruyère.

— Rôtisseur?

— A vos ordres, madame.

— Il me faut aujourd'hui, à six heures, un dîner superstitieux :

Truite, filet mignon à la maître d'hôtel, ris de veau aux truffes, poulet à la financière, artichauts à la barigoule, beignets de pommes, charlotte russe, un brie, deux prunes.

Pour vins :

Romanée, conti, médoc, château-la-rose, bouzy. Le reste va de soi : café, liqueurs...

— Très-bien! Mais ce qui ne va pas de soi, c'est l'argent. Le dîner en question, au bas mot, coûtera 80 francs.

Vous me devez déjà 220 francs, et vous les devez depuis le carnaval dernier; si nous y ajoutons encore 80 francs...

— Cela fera 300 francs.

— Je ne le sais que trop!

— Savez-vous dans quel but je donne ce dîner?

— Dans le but de vous régaler, je présume.

— Dans le but de vous payer, ingrat!
— Hein?
— J'*entraîne* en ce moment un jeune prince moldo-valaque. Il galope déjà assez bien, mais il se dérobe parfois quand il sent le mors ; encore un dîner et je l'aurai soumis. Veux-tu m'aider, oui ou non, à dompter le Moldo-Valaque?
— A quelle heure le festin?
— Six heures pour le quart.
— Vous serez servie à point nommé par mes garçons.
— Encore un mot, rôtisseur.
— Dites, madame.
— Il me faut ton argenterie ; la mienne est un peu courte.
— Le Ruolz?
— Non, ton argenterie, la vraie des vraies.
— Je veux bien, soit! mais c'est moi alors qui aurai l'honneur de vous servir.
— Quelle bonne opinion tu as de moi!
— De vous... non... mais des princes moldo-valaques.

Échos du matin de la rue d'Aumale.

— Un pain de quatre livres, boulanger.
— Voilà, c'est seize sous.
— Je vous payerai ça tantôt.
— Du tout ! du tout !
— Crédit jusqu'à quatre heures seulement.
— Rien ! payez ou laissez ce pain.
— Prenez ce mouchoir de batiste de quatre-vingts francs, je viendrai le retirer à quatre heures en vous portant vos seize sous. J'emporte ce pain.

Là finit la scène d'improvisation des ÉCHOS.

Ce fut pendant la minute suprême consacrée à la délectation du café, que Saint-Aimable dit à son ex-collègue Belleville : — Il est temps de t'apprendre pourquoi Michelin, moi, et une cinquantaine de naufragés qui sommes ici, cumulons les fonctions de comédien et de fossoyeur. La République de 48 a tué les théâtres : depuis plus d'un an ils sont morts ; et ils le seront longtemps encore. L'Opéra fait deux cents francs de recette, le Théâtre-Français de cinquante à soixante francs. Où aller? que faire? à qui recourir? Les bras manquaient pour suffire aux exigences de l'épidémie ; nous avons offert les nôtres : les Pompes funèbres les ont acceptés avec joie. Sauvés ! sauvés ! comme on dit sur la scène des boulevards. Nous nous sommes mis immédiatement à l'œuvre ; nous gagnons cinq francs par jour, je veux dire par nuit, vu que nous n'exerçons que la nuit. Du reste, nous disposons de notre temps de la manière suivante : de six heures du soir à onze, nous jouons la comédie ; de onze heures du soir au matin, nous faisons ce que je t'ai dit ; dès que onze heures sonnent, nous quittons vite nos habits de prince ou de berger, nous jetons nos perruques, nous effaçons notre rouge et nous courons gaiement à l'administration des Pompes qui nous revêt de l'habit noir et de tous les accessoires de rigueur.

Tu sais maintenant, cher Belleville, par quel motif nous sommes devenus nécrophores ainsi que la plupart des braves artistes que tu vois rassemblés ici. C'est à ton tour de nous apprendre par quel motif, non moins étrange, tu viens ici chercher des fossoyeurs.

Kanali raconta alors aux deux collègues retrouvés le but scientifique qu'il poursuivait depuis des années à travers des difficultés soulevées partout contre lui par l'ignorance et le fanatisme, et il leur confia que ce but serait atteint de la manière suivante.

—Vous n'ignorez ni l'un ni l'autre, reprit-il, la mort de Jean-Paul Désormeaux, le clubiste adoré, vénéré, pleuré par tous les fanatiques de la salle Martel?

— Comment pourrions-nous l'ignorer? C'est nous, moi et Michelin, qui serons nécessairement chargés demain de l'inhumer.

—Vous! alors c'est ma fortune!

— Comment, ta fortune?

— Et mon impérissable gloire!

— Ta gloire? toujours ta gloire... ta fortune... quel rapport?... que signifie?...

— Oui, c'est ma fortune et ma gloire, et pour chacun de vous un billet de mille francs.

— Un billet de mille francs! Ah! Belleville, ne nous fais pas une fausse joie; nous en mourrions.

— Vous connaissez aussi bien que moi, l'un et l'autre, les regrets universels, répondit le docteur Kanali, qui allait reprendre avec Michelin et Saint-Aimable la proposition que j'avais repoussée, les regrets fanatiques soulevés dans Paris par cette perte irréparable pour le parti républicain. Il perd un dieu dans Paul Désormeaux. Eh bien! je le lui rendrai, moi!

— Toi, Belleville?

— Moi, le célèbre docteur Fabricius Kanali. Oui, je le lui rendrai si vous consentez à me prêter vos bons offices.

— Tout à toi; parle.

Kanali parla. Après avoir exposé à ses deux camarades d'autrefois ce que le lecteur sait déjà, c'est-à-dire la supériorité conservatrice de ses procédés d'embaumement sur tous les procédés connus et à connaître, le docteur leur dit plus intimement :

— Écoutez-moi; puisque c'est vous qui descendrez le corps de l'illustre clubiste dans le caveau, consentirez-vous à le remonter trois jours après, pour le livrer à la grande et sublime opération dont je viens de vous entretenir et de vous ravir?

Les deux amis de Kanali se consultèrent du regard, et ils eurent tous les deux la même pensée, que Saint-Aimable se chargea de communiquer aussitôt au docteur.

— Ce que tu nous proposes n'est pas sans danger.

— Je le sais, mais aussi c'est pourquoi...

— C'est pourquoi l'amitié, continua Saint-Aimable, nous fait sa demande sous les traits gracieux d'un billet de mille.

— Enfin, acceptez-vous?

— Nous acceptons.

— Ah!

— Seulement...

— Il y a des seulement.

— Il n'y en a qu'un.

— Voyons-le vite!

Saint-Aimable reprit :

— L'endroit où l'on déposera demain le grand clubiste, le républicain de la salle Martel, est depuis peu de temps consacré à la destination qu'on lui a assignée; il est toujours sillonné par la foule. Il ne serait possible à aucune heure du jour ni de la nuit de pratiquer l'enlèvement auquel tu désires nous associer sans s'exposer à être découvert; et être découvert c'est tout compromettre, c'est tout perdre, l'opération, toi et nous.

— Cette objection a son poids, dit le docteur ; mais dans combien de temps pensez-vous que ce terrain dont vous me parlez sera libre et rendu à sa solitude première ?

— Du train où vont les choses, nous estimons que ce sera dans vingt jours.

— Oui, dans vingt jours, appuya Michelin en avalant la dernière larme de son cognac.

— Eh bien ! ne précipitons rien, remettons à vingt jours l'exécution du projet, dit Kanali. A ces conditions-là êtes-vous à moi ?

— Oh ! entièrement.

Le docteur ouvrit son portefeuille et tendit à titre d'avance, sous forme de denier à Dieu, un billet de cent francs à l'un et un billet de cent francs à l'autre de ses anciens camarades.

— Je puis donc compter sur vous deux ?

— A la vie et à la mort. C'est convenu, à vingt jours l'exécution, répondit Saint-Aimable en se levant. Pardon, mais il faut que nous te disions adieu : nous jouons ce soir au Palais-Royal au bénéfice de la veuve d'un artiste, et nous sommes de la première pièce.

— Allez, mes amis. Que vous êtes heureux de jouer la comédie !

— Oui ; mais à onze heures nous quitterons la comédie pour l'autre musique : c'est moins gai.

— Je sais, mais vous savez aussi que Boileau, le législateur du Parnasse, a dit :

> Heureux qui, dans ses vers, sait d'une voix légère
> Passer du grave au doux, du plaisant au sévère.

— Si nous prenions, sur le conseil de Boileau, encore un verre de doux ?...

— Fleur-des-Champs, au théâtre !

Saint-Aimable et Michelin, suivis de leur ancien camarade, sortirent de la salle. D'ailleurs la séance était levée : dîneurs et dîneuses de la crèmerie Myrrha s'écoulaient par toutes les rues et ruelles de Montmartre, qui pour aller jouer la comédie, qui pour aller chanter, qui pour aller danser, tous pour aller exercer, à la lueur du gaz ou dans l'ombre, quelque maigre industrie qui rapportât de quoi payer le dîner du lendemain.

Je vis bien, à la manière d'être du docteur Kanali avec moi, qu'il ne comptait plus sur mon concours pour mener à bonne fin son projet. Il ne me parla plus ni du clubiste de la salle Martel, ni de substitution clandestine d'un corps à un autre corps, ni d'embaumement, ni de rien de ce dont il m'avait tant parlé la nuit mémorable du grand orage. Il reporta toute son attention sur sa fille Marthe, dont la position morale appelait tous ses soins. Le découragement et le dépit d'avoir été déjouée dans sa belle témérité d'amour avaient fortement ébranlé son organisation. Qu'avait-elle donc espéré de cette action si osée même parmi les plus osées? Mais la passion voit-elle autre chose que le moment? Le moment n'est-il pas tout pour elle? On avait détruit son bonheur — et c'était bien assez — en arrachant le voile à son dévouement si tendrement hypocrite pour tous les malades, quand elle ne se préoccupait que d'un seul, et d'un seul si peu malade encore! Cette hypocrisie ne lui avait pas réussi, et que de déceptions ne renfermait pas en elle cette déception!

De ce moment, Marthe déclina, sans pouvoir se retenir, vers la mélancolie rêveuse où était descendue autrefois sa mère quand M. de Rosenthal fut frappé à mort, dans une plaine de la Hongrie, pendant une chasse ; et c'est là aussi ce qui assombrissait le chagrin de Mme Kanali, effrayée de tant de points de ressemblance entre les amours de sa fille et les siens. Et quelle confirmation plus redoutable demander de cette ressemblance, que cette petite groseille sanglante que César Caseneuve portait aussi au coin de la lèvre, comme Bem-Strombold, le Vampire ? D'ailleurs, pour Mme Kanali, Bem-Strombold et César Caseneuve n'étaient qu'une seule et même apparition permanente dans sa famille, dans sa race, destinée peut-être à marcher côte à côte avec sa race et sa famille, jusqu'à la fin des siècles. Quelle épouvantable prédestination ! Cependant, se disait Mme Kanali, puisque ma mère et moi nous nous sommes soustraites aux persécutions de ce mauvais génie qui se reproduit sans cesse dans notre maison, pourquoi Marthe, grâce à ma surveillance de tous les jours, de tous les instants autour de sa vie menacée, n'y échapperait-elle pas ?

Mme Kanali oubliait qu'il existe un instant entre tous les instants par où l'amour d'une jeune fille s'échappe, quelle que soit la surveillance qu'on exerce autour d'elle : cet instant n'est marqué sur aucun cadran; il ne s'appelle ni minute, ni seconde, ni tiers de seconde; il ne s'appelle pas; mais il sonne, il vibre dans le cerveau des amoureux comme le timbre le plus sonore. Marthe épia cet instant, et quand on ne veut opiniâtrement qu'une seule chose, on l'obtient : grande puissance des inventeurs et des amoureux! Qu'avait obtenu Marthe?

Vous vous rappelez sans doute le bizarre oiseau qu'affectionnait Mme Kanali; cet oiseau de mauvais augure que vous avez vu un soir perché sur le dossier d'un fauteuil, cette sinistre chouette aux yeux ronds, plaintifs et jaunes. Marthe parut s'éprendre à son tour d'une belle passion pour la chouette, et la chouette, de son côté, oiseau doux et fidèle comme la tristesse, suivait Marthe partout où Marthe le désirait. Tantôt elle se posait sur son poing comme un faucon, tantôt sur ses épaules comme une perruche; et le soir, quand la jeune fille venait s'asseoir, à la chute du jour, au fond du jardin sur une des banquettes les plus désertes, elle donnait alors la liberté à la chouette qui en profitait pour voler avec la lourdeur particulière à ces sortes d'oiseaux.

Une fois pourtant je remarquai qu'elle s'éleva assez haut sur l'un des tilleuls, formant rideau tout au fond du jardin, et qu'elle prit une attitude de méditation attentive sur une des branches les plus voisines du mur.

On connaît la physionomie accentuée de ces oiseaux : non-seulement ils ont l'air de penser, mais encore de réfléchir, de creuser, de méditer avec profondeur. Ils sont les philosophes et les métaphysiciens de la race ornithologique. Il est impossible de ne pas remarquer leur préoccupation. Ils ont des yeux en forme de fanal qui appellent comme le rayonnement des phares. Ceux de la chouette de Marthe m'arrêtèrent ce soir-là avec une singulière ténacité d'expression. Ils me forçaient à la regarder. Elle penchait sa tête vers l'un des côtés, comme lorsqu'on écoute avec excès d'attention, et ses regards aussi paraissaient écouter, tant ils fuyaient dans un sens oblique.

Qu'écoutait cette chouette ? Que cherchait-elle à saisir dans l'immobile tranquillité de l'air? Fort intrigué, je me plaçai, afin de bien voir sans être vu, à quelque distance du banc de bois où était assise la fille du docteur, les yeux tournés vers son oiseau, qui semblait la couvrir de ses ailes, tandis que Marthe semblait chercher à fasciner l'oiseau de ses regards. Ajoutez la fixité des miens, arrêtés entre Marthe et l'oiseau funèbre, et vous aurez un tableau de la couleur la plus magnétique, quelque chose à la manière noire comme un dessin d'Albert Dürer, le Michel-Ange de la sorcellerie.

Au moment où ceci se passait, un cri guttural de chouette ronfla dans l'air à une distance de quelque trente ou quarante mètres de l'endroit où j'observais, et à ce cri répondit immédiatement celui de la chouette que je regardais au-dessus de la tête de Marthe. Évidemment, pensai-je d'abord, c'est quelque amour de chouettes auquel j'assiste. Pourquoi les chouettes n'aimeraient-elles pas? Je me confirmai dans cette opinion que j'étais témoin d'un doux rapprochement de cœur entre deux oiseaux de deuil, quand à la suite du cri rauque que je venais de saisir, je vis la chouette de Marthe s'élever pesamment de branche en branche et s'élancer de la dernière pour franchir le mur du jardin qu'elle laissa derrière elle. Elle disparut. J'allais me retirer, quand, me rappelant mon Buffon, je me rappelai aussi que le mois de juin, où nous étions alors, n'était pas la saison des amours chez les chouettes. Ma petite érudition de naturaliste me retint à ma place. Il ne s'agissait pas d'amour, en effet.

Après avoir entendu quelques *crous, crous,* et quelques *pous, pous,* à travers les branches, je vis revenir la chouette de son expédition. Elle ne s'arrêta pas à sa première place; elle descendit de la plus haute à la plus basse branche et ne s'arrêta qu'à la banquette sur laquelle était assise Marthe, qui la reçut et la posa sur ses genoux. Grâce à la clarté de la plus limpide des nuits, je distinguai les mains de la jeune fille; elles étaient occupées : je les avais vues se porter avec des mouvements inquiets de recherche au cou de l'oiseau. Elle en détacha ensuite quelque chose d'une nuance blanche, un papier sans doute, quelque billet : c'était un billet, qu'elle déplia et qu'elle lut; quelque message d'amour assurément, car Mlle Marthe, tout en lisant le billet apporté de l'autre côté de ces arbres, baisait la grosse tête huppée de l'oiseau de nuit, évidemment dressé par la patience des deux amants à ce manége. Mais si c'était un billet d'amour, quel autre que César Caseneuve l'avait tracé ? L'amour n'avait donc pas péri dans cette nuit où les deux jeunes gens avaient été surpris par un père blessé dans son diabolique orgueil de savant, d'inventeur, et par une mère folle de superstitieuses terreurs ? C'était donc César Caseneuve qui était de l'autre côté du mur ? Que j'aime l'amour pour les démentis donnés à toutes choses de nos préjugés, qui bouleverse tout pour arriver à son but ! et il y arrive. Ainsi c'est dans un hôpital, et dans un hôpital cruellement éprouvé à l'heure où j'écrivais ces lignes, que l'amour joignait deux cœurs, exilés l'un de l'autre, en peine l'un pour l'autre, et c'était une chouette, l'orfraie redoutable des anciens, qui portait à son cou les messages d'amour échangés par ces deux jeunes cœurs agités !

Maître du secret de cette correspondance aérienne entre les deux jeunes gens, je me demandai si je les trahirais auprès des parents de Marthe. Ma réponse intérieure fut que la morale n'exigeait pas de moi cette sévère intervention, par la raison fort simple que le lendemain du jour où je les aurais dévoilés, ils inventeraient, j'en étais sûr, — et qui en doute? — un autre moyen d'échanger leurs pensées. Et alors au profit de qui, au bénéfice de quoi aurais-je joué le rôle toujours équivoque de délateur? D'ailleurs je n'eus pas le loisir de m'inquiéter beaucoup de la question de savoir si dans cette circonstance il m'était fait par la morale une obligation de me taire ou de parler : un événement des plus imprévus vint tout trancher dans le vif.

Je vais dire cet événement.

XII

Peu de temps après la scène du jardin, un matin que j'allais chercher de la glace dans le caveau placé sous la croisée de l'appartement de la famille Kanali, j'entendis un murmure de paroles bruyantes entrecoupées par intervalles de gémissements. J'écoutai : les paroles, c'était M. Kanali qui les disait ; les gémissements, c'était mademoiselle Marthe qui les exhalait. Sur le tout planait des phrases confuses d'exhortation, confuses pour moi, que je reconnus cependant sortir de la bouche de sa mère. L'ensemble de ces paroles et de ces plaintes indiquait quelque malheur récemment survenu.

Après avoir porté mes glaces dans la petite pharmacie où s'en faisait la distribution selon les exigences du service, je courus m'informer auprès des Kanali de la cause des doléances et des lamentations que j'avais entendues sous les croisées. Je le fis avec ma discrétion accoutumée; je pris un prétexte plausible pour m'introduire chez eux à une heure où je n'avais pas pour habitude de m'y présenter. Le prétexte était au moins inutile.

A peine fus-je entré au salon que M. Kanali, très-animé de teint, marchant à grands pas, me dit : — « Ne soyez pas surpris, monsieur Morel, de l'état d'agitation où vous nous voyez. Ce journal, — il me montra et me remit *la République*, journal en grande faveur alors dans le parti de la Montagne, — ce journal nous apprend ce matin la mort d'une personne... d'un jeune homme que nous avons connu dans les premiers jours de notre arrivée à Paris... un jeune médecin attaché au service du Val-de-Grâce... Nous l'aimions... nous l'aimions beaucoup... Mais que voulez-vous, dans les jours maudits que nous subissons, il faut s'attendre à tout... Aujourd'hui l'un, demain l'autre... quelquefois l'un et l'autre... Certainement, poursuivit le docteur avec la même hésitation dans les idées et dans l'expression, ne sachant s'il était là pour s'affliger ou pour parler de l'accident avec indifférence, certainement, c'était un garçon qui ne manquait pas d'étude... de qualité... de véritable aptitude pour la médecine... C'est regrettable... c'est très-fâcheux... c'est à ne pas savoir, ma parole d'honneur! si l'on sera en vie demain... ce soir, dans une heure... Eh! mon Dieu! après tout, quoi?... c'est la destinée... Enfin, il faut se résigner... oui, se résigner...

— Et vous appeliez ce jeune homme?... demandai-je au docteur, qui me répondit en montant sa montre sur l'heure qu'il entendit sonner à Saint-Laurent :

— César Caseneuve.

En entendant prononcer ce nom par son père, mademoiselle Marthe éprouva dans sa main, que serrait dans les siennes madame Kanali, un involontaire et violent mouvement nerveux. Elle la retira, sa mère chercha à la reprendre : mon attention fut appelée de ce côté; mademoiselle Marthe s'était caché le visage sous un mouchoir blanc rejeté sur sa tête, qu'elle tenait renversée sur l'un des coussins du canapé. En la voyant ainsi voilée, je m'expliquai d'une manière toute personnelle l'intention du peintre Timanthe, qui, selon moi, chercha moins peut-être à masquer une douleur qu'il se reconnaissait, dit-on, impuissant à reproduire avec des pinceaux, qu'à rendre sous une forme nouvelle la souffrance humaine, montée à son plus culminant degré d'exaltation. Ce mouchoir blanc ne masquait rien : ni le globe des yeux de Marthe très-apparent sous l'étoffe et gros de larmes, ni l'arête de son nez dessiné en saillie comme celui d'une morte sous son linceul, ni ses joues sur lesquelles se collait et se tendait ce voile blême, ni ses lèvres dont les bords le soulevaient par leur palpitation humide et saccadée. Découvert, son visage n'eût pas si bien exprimé les ravages si difficilement contenus de son âme.

Madame Kanali perdait complétement de vue, en partageant sans restriction l'immense affliction de sa fille, qu'elle se débarrassait par cette fin si prompte de César Caseneuve, elle oubliait, dis-je, qu'elle se dégageait de la perpétuelle crainte qu'il lui avait imposée comme vampire. Il est vrai que les vampires meurent plusieurs fois, puisqu'ils reviennent plusieurs fois sur la terre. Mais j'oublie de rapporter ce que contenait le journal où le docteur m'invitait à lire les lignes relatives à la mort de Caseneuve. Je les lus, et voici le texte même de ce paragraphe nécrologique :

« Le jeune corps médical, déjà si cruelle-
« ment décimé, vient d'éprouver encore une
« perte sensible dans la personne d'un in-
« terne plein de talent et d'avenir nommé
« César Caseneuve. Il est mort, on peut le
« dire hardiment, martyr de la science; car
« il est reconnu que le jeune Caseneuve,
« voulant prouver le caractère non conta-
« gieux de la maladie régnante, a osé s'in-
« troduire dans un hôpital de Paris et se
« coucher dans un lit tiède encore d'une
« victime du fléau asiatique. Il avait agi de
« ruse pour pénétrer et se faire admettre
« dans cet hôpital; il avait su imiter à un
« degré surprenant de vérité les symptômes
« spéciaux du mal. Les médecins et tous les
« employés ont été dupes pendant quelques
heures de cette héroïque comédie. Mais
« au bout d'un certain temps qu'il était là,
« acceptant avec une fermeté stoïque le trai-

« tement énergique usité dans la circon-
« stance, un docteur plus clairvoyant que
« ses autres confrères s'aperçut que César
« Caseneuve n'était pas du tout atteint de
« l'affection dont il jouait les tortures : il le
« renvoya immédiatement. Mais l'intéressant
« interne croyait être resté assez d'instants
« exposé au péril, être demeuré suffisam-
« ment sur le champ de bataille, pour n'avoir
« plus à douter de sa théorie médicale, c'est-
« à-dire pour soutenir inébranlablement dé-
« sormais que le fléau n'était pas conta-
« gieux. Fatale erreur, bien fatale ! En
« arrivant chez lui, le jeune docteur fut
« frappé d'une manière impitoyable par ce
« même mal dont il se proclamait vainqueur.
« Il avait respiré le germe funeste dans nos
« salles. Il expira dans la nuit. César Case-
« neuve, ce nouvel Empédocle qui s'est pré-
« cipité dans l'abîme du mal indien pour le
« connaître, et qui, comme Empédocle, en a
« été dévoré, n'avait pas encore touché à
« sa trentième année. »

Je rendis le journal au docteur Kanali, et
me retirai aussitôt pour ne pas troubler une
douleur à laquelle je ne pouvais apporter

que l'embarras de ma présence. Mais je n'omettrai pas de rapporter une phrase bien caractéristique que j'entendis sortir de la bouche du docteur au moment où je m'éloignai.

— Voyons! voyons! mon enfant, dit-il à sa fille saisie d'une nouvelle crise nerveuse, voyons, ne te désole pas ainsi : *Je l'embaumerai!*

Voyez-vous la belle consolation pour une jeune fille qui vient de perdre celui qu'elle aimait éperdument. Quel magnifique égoïsme! Quel égoïsme de savant!

Cette scène de famille m'avait beaucoup ému, moi qui n'étais rien à Mlle Marthe; mais quelque vivement remué que j'eusse été, je ne pus cependant empêcher quelques réflexions de me venir à l'occasion même de la mort de ce jeune homme. Le journal avait parfaitement dit vrai en écrivant que César Caseneuve avait osé braver un danger formidable lorsqu'il était venu chez nous, car c'est chez nous, à la maison de santé, ce que ne disait pas le journal, qu'il avait compromis sa vie au profit de son expérience... Oh! non pas de son expérience, mais de son amour, s'il vous plaît; oui, il avait encore dit vrai quand il ajoutait que Caseneuve n'offrait aucun symptôme du mal qu'il avait bravé quand il fut renvoyé chez lui; mais ce qui paraissait moins évident dans le récit du journal, c'est ce qui venait après l'incontestable assertion de ces deux faits; il ajoutait que le téméraire jeune homme avait expiré la nuit suivante chez lui. Cela me paraissait impossible, puisque huit ou dix jours après cette nuit-là il était venu correspondre avec Mlle Marthe au bout du jardin par l'intermédiaire de la chouette. A moins cependant que ce ne fût pas lui qui échangeait avec la fille du docteur des billets d'amour d'un côté à l'autre du jardin... Mais alors?...

Ces réflexions, moi seul étais en position de les faire, car les parents de Marthe ignoraient complétement les rendez-vous nocturnes de la jeune fille et de Caseneuve; si toutefois, je le répète encore, c'était bien lui qui se trouvait à ces rendez-vous d'amour. Mais d'un autre côté, si ce n'était pas lui, pourquoi cette désolation, ces pleurs si chauds et si abondants de Marthe à la nouvelle de sa mort? Elle ne menait pas deux passions à la fois, deux intrigues... il était absurde de le supposer.

Ces préoccupations m'inquiétèrent pendant deux jours; au bout de ces deux jours elles me quittèrent. J'en avais tant d'autres à porter ! Augmentés par la surexcitation politique dans une proportion alarmante, les malades imposaient aux employés une tâche impossible. Nous n'avions pas assez de bras pour suffire au service des salles qui ne désemplissaient pas. J'ai traversé des journées et des nuits dont les tableaux, s'ils revenaient à mes souvenirs, me rendraient fou ou idiot. Trente ans d'exercice ne m'avaient pas encore bronzé au point de considérer de sang-froid ce que mes yeux ont vu.

Et, avec cela, une température exquise, jamais plus radieux été que celui de quarante-neuf : des nuits de Sicile et de Naples. Ce n'est guère que pendant quelques heures de ces belles nuits orientales que je me donnais le rare loisir d'un peu de promenade au jardin. Ce fut pendant un de ces délassements nocturnes, qui ne m'étaient guère permis que de minuit à deux heures, que j'eus une fois l'occasion, si désirée par moi depuis longtemps, de m'entretenir à fond avec Mme Kanali sur sa croyance à l'existence des vampires.

Si l'on s'étonnait de voir Mme Kanali éveillée si tard et rôdant à ces heures avancées de la nuit, on aurait oublié les chaleurs excessives de l'été de 1849, été pendant lequel le séjour dans les appartements était devenu un fléau : on aurait oublié l'impossibilité de dormir sous le poids brûlant de ces nuits asphyxiantes; on ignorerait le caractère vigilant de Mme Kanali, née pour la nuit, née pour l'insomnie, comme la Méditation, comme tous les grands songeurs des temps antiques et des temps modernes; femme semblable à celles que Rembrandt a peintes, le menton enfoncé dans le creux pensif de la main, le coude appuyé sur la croisée, le regard fouillant sans fin le mystère sans fin des étoiles et de l'immensité.

Cette nuit-là, celle dont je vais parler, Mme Kanali, renversée dans un fauteuil, enveloppée d'un peignoir à raies vertes et or, d'un goût tout à fait dalmate, rêvait entre le petit bassin et le bosquet de la *Jambe-de-Bois*. Je dirai un jour l'histoire de l'homme à la jambe de bois, qui a donné son nom au bassin.

La circonstance était favorable. Je m'approchai de Mme Kanali, et je lui dis avec une familiarité que sa bonté naturelle autorisait.

— Je gagerais, madame, que vous pensez en ce moment aux vampires?

— Auxquels vous ne croyez pas, vous, sans doute?...

— Je désirerais en voir quelques-uns, un seul pour y croire.

— Ah! ne formez pas un tel vœu! n'en voyez jamais! Mais vous autres Français, vous ne croyez à rien; vous êtes les fils de don Juan qui ne croyait qu'à *deux et deux sont quatre*. Encore, est-il bien sûr que vous iriez jusque-là?... J'ai peur que vous n'ayez dépassé don Juan!... Étrange contradiction! vous admettez sans répugnance des phénomènes beaucoup plus surprenants, beaucoup plus extraordinaires que celui des vampires, et celui des vampires vous laisse incrédules. Dans votre pays l'incrédulité est dans le sang. Un mystère de plus vous effraye, comme si tout n'était pas mystère autour de vous, devant vous, depuis votre naissance jusqu'à votre dernier jour. Ce soleil qui revient chaque matin, ces étoiles qui paraissent chaque nuit...

— Ah! pardon, madame, ceci est de la science, c'est de l'astronomie; le soleil et les étoiles reviennent par l'effet tout simplement d'un mouvement de la terre.

— Tout simplement! Puisque c'est aussi simple que vous le dites, achevez; dites-moi donc, monsieur Morel, qui a donné ce mouvement à la terre, qui certes ne se l'est pas imprimé elle-même? Si vous avez la foi, vous me répondrez : c'est Dieu; si vous ne l'avez pas, vous n'aurez aucune réponse quelconque à me faire; mais la terre n'en tournera pas moins; je vous défie de nier cela. Eh bien! il en est exactement de même de l'existence des vampires; si vous croyez, vous me répondrez qu'ils existent, parce que Dieu...

J'interrompis Mme Kanali à cet endroit de sa phrase, ne voulant pas aborder une discussion avec une femme prête à confondre sa foi aux vampires avec sa foi à sa religion. Ainsi vous, madame, lui dis-je d'un ton qui ne s'éloignait pas de la ligne d'un simple doute, vous pensez fermement qu'il y a des hommes morts depuis plusieurs années, qui s'échappent du tombeau et viennent s'appliquer la nuit aux vivants pour aspirer goutte à goutte leur sang, et dont les vivants ne se débarrassent qu'en leur perçant le cœur après leur avoir coupé la tête ?

— Oui, monsieur, je le pense fermement.

— Ces hommes, ces vampires sont-ils réellement morts ?

— Oui, Dieu leur permet de reprendre leur première forme pour tourmenter, dans une intention dont il garde pour lui le motif, certaines personnes condamnées à leur persécution.

— Vous admettez donc alors, madame, que, quoique morts, ils reviennent tels qu'ils étaient pendant leur vie ?

— Oh! très-certainement, je l'admets, puisque, lorsqu'on les tue, leur sang coule clair et vermeil comme pendant leur vie quand ils sont blessés.

— Et l'on a beaucoup d'exemples de pareilles résurrections ?

— Beaucoup, surtout en Hongrie, en Moravie, en Pologne et en Grèce, où on les appelle brucolaques. Supposerez-vous que des peuples intelligents et lettrés comme ceux des pays que je cite professeraient une pareille croyance aux vampires, s'il n'y avait rien de vrai au fond de cette croyance?

Je me gardai bien cette fois de faire la moindre objection à l'argument de Mme Kanali, qui poursuivit ainsi :

— Si vous aviez lu un livre intitulé : *Magia posthuma*, par Charles-Ferdinand de Schertz, imprimé à Olmutz en 1706, vous sauriez qu'une femme étant venue à mourir, on entendit, quatre jours après son décès, un bruit extraordinaire à l'extrémité du faubourg qu'elle avait habité. Il était onze heures, et la terre était couverte de neige. Les habitants, à ce bruit inaccoutumé, sortirent sur leur porte, et ils virent venir à eux un spectre blanc qui, tantôt s'attaquait à un homme, tantôt à un animal et leur serrait la gorge à les étouffer. — Et ce pâtre de Bohême, qui sortait chaque nuit de son tombeau pour appeler les gens sous leur croisée, et qui leur prédisait le jour et l'heure de leur mort. Lorsqu'on lui transperça le cœur avec des pieux, il jeta de grands cris, mais il vivait toujours. Il fallut le brûler. Et Arnold Paul, — écoutez encore le récit de cette histoire, — qui, après avoir été tué par le poids d'un chariot de foin sous lequel il fut écrasé, revint un mois après et fit mourir, en leur pompant le sang par une succion lente au-dessous du sein gauche, quatre personnes qui se trouvaient sur la route avec lui quand il fut broyé. On frémit à Madreïga, — c'est le nom hongrois du bourg où Arnold Paul était né, — mais on se souvint alors qu'il avait souvent raconté qu'à Cassova-Kachau, ville forte, comme vous savez, sur les frontières de la Servie, il avait été tourmenté par un vampire turc. Le vampirisme de celui-ci aurait donc passé comme un venin dans le sang d'Arnold Paul? On tint à vérifier la chose. On exhuma Arnold, et l'on vit en effet que son corps était intact; ses ongles, ses cheveux, sa barbe avaient repoussé, ses yeux étaient ouverts : signes évidents qu'il était un vampire, et un vampire de la plus redoutable espèce, car, peu de temps après, quatre personnes amaigries par lui, et anéanties par une consomption qui les emporta, devinrent vampires. Ces quatre nouveaux vampires aspirèrent le sang de dix-sept filles qui, après s'être éteintes également dans une langueur incurable, sortirent au bout de quelques mois de l'ancien cloître où on les avait inhumées et commirent à leur tour d'affreux ravages dans le malheureux village de Madreïga qu'il fallut livrer aux flammes pour en finir une bonne fois avec ces légions de vampires.

Tous ces faits, continua Mme Kanali, furent examinés avec soin et attestés publiquement et en bonne forme par les chirurgiens-majors des régiments casernés à Cassova-Kachau et les principaux habitants du pays. Ce procès-verbal fut ensuite envoyé au conseil de guerre impérial à Vienne, qui nomma une commission pour examiner de nouveau les mêmes faits. La commission, après un contrôle minutieux, les tint pour bien vrais, bien réels, et les confirma en dernier ressort par l'attestation et la signature de ses membres, qui étaient Battuer, premier lieutenant du régiment d'Alexandre de Wirtemberg; Clickstenger, chirurgien-major du régiment de Furstemberg; Guoichitz, capitaine à Stallatz.

— Voilà sans doute des autorités, dis-je

à Mme Kanali, cependant, j'en préférerais une autre à toutes celles-là, quelque respectables qu'elles soient.

— Et quelle autre autorité demanderiez-vous? Je vous cite des villages, des villes, des témoins graves, des fonctionnaires publics, des noms appartenant à de grandes familles hongroises dont les descendants existent encore...

— Je demanderais la vôtre, madame, votre autorité.

Ma réponse n'était pas qu'une simple courtoisie; elle forçait indirectement Mme Kanali à me dire ce que je savais déjà par le docteur Sainson, du Val-de-Grâce. Je tenais beaucoup à cette répétition : d'abord pour avoir la confirmation absolue de faits qui m'avaient paru très-difficiles à croire; ensuite pour engager Mme Kanali à me dire si elle mettait réellement César Caseneuve au rang des vampires, et dans ce cas si elle ne redoutait pas de le voir revenir, puisqu'il n'avait pas été percé d'un pieu après sa mort, ainsi qu'on en use avec les rédivives, oupires, vampires et brucolaques, afin de les empêcher à tout jamais de revenir parmi les vivants. Je n'obtins qu'à moitié ce que je désirais savoir, par suite de l'événement qui vint se jeter à travers notre conversation, et que je rapporterai dans un instant. Mme Kanali commença par me confier point par point tout ce que j'avais déjà appris de la bouche du docteur Sainson : d'abord, le vampire acharné à la poursuite de sa mère, la fille du grand Salomon Kanali, celui qu'on appelait Bem-Strombold, et qui ne se servait que de la main gauche ; puis, le vampire Rosenthal, successeur du précédent, si ce n'était le même, celui qui portait une petite groseille sanglante au coin de la lèvre ; mais, quand elle fut au moment de me répondre sur la question à laquelle je tenais le plus : si elle n'éprouvait pas la crainte de voir Caseneuve revenir pour s'attacher à l'existence de sa fille Marthe, César n'ayant subi après son décès ni la décapitation ni la perforation du cœur par un long pieu, ni la crémation, c'est-à-dire la destruction par le feu, elle cessa tout à coup de parler. Je cherchai la cause de ce silence si mal à propos venu : Mme Kanali regardait fixement devant elle ; elle s'efforçait de saisir un objet dans la brume blanche et poudreuse que la lune sur le point de se retirer amasse au fond des allées, et d'un geste de sa main et d'un regard furtif elle me commanda de ne pas troubler son attention.

— Mais, lui dis-je à voix basse, ce n'est pas un seul objet qui vient vers nous, c'est un groupe ; il y a deux personnages.

— Je le crois aussi, dit Mme Kanali ; elle ajouta : regardez, monsieur Morel, ne vous semble-t-il pas ?...

XIII

Sa parole s'arrêta, j'achevai :

— Oui, on dirait une jeune fille et un jeune homme... un officier... je vois briller des épaulettes.

Quoique la maison de santé fût fréquentée la nuit par beaucoup plus de monde que dans les temps ordinaires, je fus cependant très-surpris de la promenade de ce couple à une heure où personne ne venait au jardin, surtout les étrangers.

Mme Kanali reprit :

— Si ma fille n'était pas couchée depuis deux heures, et si nous connaissions quelque officier, je dirais en vérité...

— En effet, madame, il y a de la ressemblance entre la tournure élancée, la démarche... le balancement de Mlle Marthe et l'ensemble de la jeune dame qui est au bras de ce militaire.

— Ils viennent de ce côté : nous verrons de près si la ressemblance est aussi grande qu'elle nous le paraît à la distance où nous sommes, quoique, dans l'obscurité où va nous laisser de plus en plus la lune en se retirant, il sera malaisé de distinguer.

Ce n'est pas seulement la disposition de la lune qui menaçait de nous ôter tout moyen de constater plus nettement l'analogie dont nous avions été frappés, Mme Kanali et moi : les deux promeneurs nocturnes, au lieu de prendre l'allée au bout de laquelle nous étions assis, appuyèrent à droite, entrèrent dans l'allée à côté, et dès lors il ne nous fut plus possible que de les entrevoir à travers le tronc pressé des arbres et le rideau rameux des arbustes qui séparaient cette allée de la nôtre. Nous étions à la fin de juin; le feuillage est fort épais à cette époque de l'année; il y avait des instants où nous ne voyions que bien peu de chose de nos jeunes gens; un bout de robe blanche, la ligne dorée de la visière du képi.

Quand ils furent parvenus à la hauteur de

l'endroit où nous nous trouvions, nous ne les apercûmes plus du tout. Mais en revanche nous pûmes entendre un instant la voix de Marthe, — car c'était elle, — qui disait au jeune officier très-attentif, on n'en doute pas, à recueillir ses moindres paroles : « Ce que vous me proposerez à notre prochaine rencontre, me disiez-vous, est très-hardi, très-périlleux, et vous craignez que je n'accepte pas ; mais quand on s'aime comme nous nous aimons, je ne crois pas avoir le droit d'hésiter sur quoi que vous me proposiez, sans vous donner à penser que mon amour pour vous est plus faible que le vôtre pour moi. »

Ce fut là l'unique phrase que nous recueillîmes, les deux amants ne cessant pas de marcher devant eux et par conséquent de s'éloigner de l'endroit où nous étions postés, Mme Kanali et moi. Mais cette unique phrase était assez claire pour ne nous laisser aucun doute sur la nature du sentiment qu'éprouvait Mlle Marthe pour le jeune officier qui l'accompagnait et à l'uniforme duquel je reconnus un capitaine dans la garde mobile, corps de volontaires formé en 1848, on s'en souvient, pour maintenir l'ordre furieusement en péril.

Si je m'étonnais un instant de voir encore en 1849 cet uniforme, les gardes mobiles étant dissous depuis quelques mois, je réfléchis aussitôt que les officiers avaient obtenu le droit de le porter jusqu'au moment de leur incorporation dans la ligne.

Par ce qui se passait en ce moment sous mes yeux, je fus confirmé dans l'opinion que j'avais repoussée d'abord de toutes mes forces, que Mlle Marthe avait déjà remplacé dans son cœur l'infortuné Caseneuve. Comment le mettre désormais en doute? Marthe était là, suspendue au bras d'un nouvel amoureux, et à une heure de la nuit où l'on résiste peu ordinairement à qui demande. Je m'attendais à quelque mouvement de juste colère maternelle de la part de Mme Kanali; je m'attendais à son apparition soudaine et menaçante devant sa fille, à une scène de la plus furieuse violence, si bien que je préparais dans ma tête des raisons pour la calmer; elle m'épargna ces frais de clémence et de modération.

— Je suis la plus heureuse des mères, me dit tout bas Mme Kanali dominant à peine l'excès de sa joie.

Je la regardai avec un étonnement qui devait tenir de l'imbécillité.

— Oui, la plus heureuse des mères : ma fille est sauvée !

Je m'enfonçai de plus en plus dans ma stupéfaction.

— Elle aime ! poursuivit-elle, elle aime ! elle a oublié, et Dieu en soit béni, ce fatal César Caseneuve, qui va désormais perdre tout ascendant funeste sur elle. Il n'y avait qu'un nouvel amour qui fût capable d'éteindre en elle l'amour qui la consumait nuit et jour pour celui dont la présence, dont le fantôme ne reviendra plus dessécher sa jeunesse, son intelligence, altérer son repos, son bonheur, consumer lentement sa vie. Elle m'est rendue pour toujours quand je la croyais perdue pour toujours. Le vampire Caseneuve est refoulé au plus profond de ses cavernes, où il a roulé une première fois quand ma mère se dégagea de ses étreintes glacées en épousant mon père, quand je me débarrassai à mon tour de lui en me mariant avec le docteur; elle aussi la voilà libre et rendue à l'air pur, à la lumière saine, à la liberté, à la vie enfin. Le sortilége est rompu.

13.

Ce n'était pas seulement la joie illimitée d'avoir recouvré sa fille qui brillait dans les regards pleins de flamme de Mme Kanali, en s'élevant au ton le plus enthousiaste de la reconnaissance envers Dieu, c'était aussi l'ivresse fanatique de la femme de conviction qui a triomphé des obsessions du mauvais esprit. Elle rayonnait par toute la tête, elle nageait dans la lumière mystique d'une rédemption. J'en fus comme ébloui et je sentis malgré moi l'entraînement qui la soulevait, qui l'emportait. Elle m'engouffra. Je ne compris jamais si bien qu'en ce moment combien la foi dans son ivresse cause d'ivresses semblables à la sienne, et combien il est facile de faire croire les autres quand on croit soi-même si énergiquement. L'humanité n'est qu'une chaîne électrique tendue par la puissance divine d'un bout de l'univers à l'autre bout.

Je n'oserais pas tout à fait dire que Mme Kanali me força à partager son opinion exaltée sur l'existence des créations extra-humaines ; elle me réduisit cependant, je l'avoue, à ne savoir plus que lui dire sur l'étrange conduite de sa fille. Du reste, tout cela, personnages et décors, s'évanouit comme une véritable apparition : pendant que Mme Kanali me parlait de son bonheur et que je l'écoutais, les deux jeunes promeneurs s'étaient éclipsés dans l'ombre violette des allées ; la lune était descendue sous l'horizon ; le jardin, assombri par l'obscurité, n'offrait plus à la vue incertaine aucune forme saisissable, et j'entendis le chariot sans nom qui emportait la moisson funèbre de la journée passer, en grinçant sous la voûte de la maison de santé, rouler au loin avec des soubresauts douloureux sur les pavés du faubourg Saint-Denis.

J'allai prendre quelques heures de repos.

Passons immédiatement au lendemain.

J'étais encore tout étourdi de l'aventure de la veille, et j'étais à me demander ce qu'il y avait d'explicable dans cette rencontre de Mlle Marthe avec ce jeune officier, lorsque le docteur Kanali me prit à part, dans le courant de la matinée, et m'engagea avec lui dans une allée déserte du jardin. Je craignais qu'il ne se disposât encore à me parler d'embaumement. Il n'en fut rien.

— Monsieur Morel, me dit-il, ma femme

m'a raconté en déjeunant ce que vous avez vu ensemble la nuit dernière, ici, dans ce jardin, et je vous déclare que je tiens à tout prix à éclaircir ce singulier événement. Elle m'a parlé d'un jeune officier... d'une jeune fille... Mais je ne croirai rien, je n'admettrai rien avant de vous avoir entendu.

— Mon Dieu! je suis prêt à vous dire, monsieur le docteur, tout ce que je sais, mais je vous préviens...

Le docteur ne me laissa pas terminer.

— Y a-t-il d'abord quelque officier en traitement dans la maison?

— Aucun. L'année dernière à la même époque, et à la suite des journées de juin, nous en reçûmes plusieurs; mais depuis lors...

— Ainsi, vous me l'affirmez, il n'y en a pas dans la maison? reprit-il d'un ton d'inquiétude et de mauvaise humeur.

— Non, je vous l'affirme.

— Et pourrait-il s'en introduire clandestinement chez vous?

— Mieux que personne, vous savez, répondis-je au docteur, que nul n'entre ici sans permission... Par ruse, c'est impossible...

Les premiers jours de votre installation dans la maison, vous avez examiné avec moi la hauteur des murs, hauteur assez rassurante; vous avez constaté toutes les autres impossibilités matérielles de s'introduire... Si à l'époque néfaste que nous subissons, la consigne se relâche parfois un peu pendant le jour, — comment discuter avec tous les visiteurs qui affluent chez nous pour voir leurs parents ou leurs amis malades, les titres plus ou moins réels qu'ils ont pour franchir la grille? — la nuit, je défie qui que ce soit d'entrer ici sans être connu, sans être aperçu. Cela est aussi impossible que tout ce qu'il y a d'impossible au monde.

— Mais alors, de quelle manière expliquez-vous la présence du jeune officier que vous avez vu? Vous l'avez vu, n'est-ce pas?

— Oh! très-certainement.

— Comme vous me voyez?

— Oh! non, par exemple! pas de si près, ni en pleine lumière, comme je vous vois.

— Ma femme ne vous aurait-elle pas fait entrer dans la chimère de ses hallucinations?

Elle a une imagination assez extraordinaire pour cela.

— Mme Kanali peut apprécier moralement un fait autrement qu'un homme aussi positif que moi, mais je ne lui accorde pas la faculté de me faire voir quelqu'un là où il n'y a personne.

Sans paraître tout à fait convaincu de mon raisonnement, le docteur, toujours fort agité, malgré ses efforts pour ne pas le laisser paraître, l'étant au point d'oublier dans son anxiété d'esprit qu'il n'avait pas jusqu'ici, par convenance, prodigué le nom de sa fille, se prit à dire : — J'aime bien ma fille Marthe, j'admets avec sa mère qu'elle ne saurait avoir fait choix que d'un homme digne d'elle, mais encore ai-je pour premier devoir de savoir quel est ce jeune homme.

Cette prétention d'un père eût paru sans doute fort raisonnable aux yeux de tout le monde ; seulement, le docteur apporta dans la manifestation de son autorité incontestée une arrière-pensée qui se dévoila tout à coup dans une plus grande largeur à ce moment de notre conversation, sans pourtant se montrer encore tout entière. Que masquait donc cette colère sourde?... Quel objet de haine se trouvait au fond de ce bouillonnement trouble?

— Cependant, reprit-il, nous ne sommes pas dans une maison enchantée. On n'y descend pas en ballon. On ne s'y insinue pas à travers le ciment des murs. Et puisque c'est une maison comme toutes les autres maisons, un moyen existe, à coup sûr, d'arriver à découvrir quel est l'homme que vous avez aperçu, celui qui a dû déjà venir ici, qui y reviendra.

— Certainement, il existe, ce moyen, et vous venez vous-même de l'indiquer.

— Voyons-le tout de suite.

— C'est de se cacher à la place où nous étions, hier à minuit, Mme Kanali et moi, et puis d'attendre. Si ce jeune officier se présente, vous vous montrerez aussitôt à lui, et par là vous saurez...

— J'ai pensé à ce moyen, trop naturel, trop facile pour que je n'y aie pas d'abord songé; mais j'ai craint, je crains encore en y recourant...

— Que craignez-vous ?

— De m'emporter quand je serai face à

face avec un homme qui n'a pas agi avec loyauté, en aimant ainsi ma fille sans se présenter d'abord à nous ; j'ai peur, dans cette explication d'où la modération sera forcément exclue, de froisser, de blesser, de tuer la tendresse de ma fille pour ce jeune homme, et c'est à cette tendresse que je n'hésite pas à attribuer, avec sa mère, son retour inespéré à la vie. Il y a plus : cette passion, une fois rompue par mon fait, par le fait prévu d'une violence légitime, j'ai peur d'anéantir pareillement, et cela à mon grand effroi, à mon grand remords, le seul motif qu'avait ma femme de ne plus craindre que sa fille ne songeât encore à ce maudit César Caseneuve, dont la mort même ne l'a pas tranquillisée... Oh! bien loin de là !... Ainsi, depuis sa mort... vous connaissez sans doute les opinions bizarres... les croyances outrées... les superstitions... appelez cela comme vous voudrez... les folies, si vous voulez, de Mme Kanali... tout cela était revenu plus sombre, plus fort que jamais dans son esprit. Eh bien ! ce nouvel amour de sa fille a été un arc-en-ciel levé tout à coup sur l'orage... c'est fini... entièrement fini depuis hier... quelques heures ont suffi... la voilà calme, rassurée, confiante, heureuse... Rouvrir en elle cette source incommensurable de terreurs et d'épouvantements serait un crime de ma part, une abominable cruauté... Cependant, se reprit le docteur Kanali, cependant je passerai à pieds joints sur tous ces scrupules, sur toutes ces craintes... il le faut!... Il y a là-dessous, voyez-vous, monsieur Morel... Qu'y a-t-il? Je ne le devine pas, mais à coup sûr... ce changement subit dans le cœur de ma fille... il me sera expliqué ! C'est dangereux ce que je vais tenter... mais je me dominerai... mais je verrai ce jeune homme... Votre conseil sera suivi, monsieur Morel... Je serai là à la place où vous l'avez vu hier.

— Et à la même heure, ajoutai-je.

— A la même heure, répéta le docteur.

— C'est là, terminai-je en lui désignant le fond du jardin.

— Très-bien ! A cette nuit !

— A cette nuit !

Le docteur me quitta. Quand je fus seul, je m'inquiétai, avec des raisons d'intérêt différentes de celles du docteur Kanali, de la présence, chez nous, au milieu de la nuit, de ce jeune officier qui, en effet, comme l'avait fort bien dit le docteur lui-même, n'était pas tombé du haut des nues dans une allée du jardin pour adorer sa fille. Mais quelle voie avait-il prise? Je ne le soupçonnais même pas. Si l'idée ne m'était pas venue qu'il eût corrompu la fidélité d'un de nos domestiques, c'est que la chose s'éloignait trop de la vraisemblance pour l'admettre même au plus faible degré. Néanmoins, pour l'acquit de ma conscience, je questionnai les employés chargés du service de la porte. Aucun d'eux, dans ses réponses, ne donna passage au plus léger soupçon. Il me fallut donc renoncer pour le moment à toute recherche nouvelle dans le but d'expliquer le phénomène de l'introduction fantastique de ce bel officier de la nuit. Cependant ma résignation sur ce point n'alla pas jusqu'à me permettre de rester indifférent aux circonstances qui m'apporteraient quelque indice. J'étais si loin de cette résolution que j'arrêtai fermement dans ma volonté d'assister avec le docteur Kanali et sa femme, la nuit suivante, à l'embuscade tendue au jeune officier au fond du jardin.

A l'heure convenue, à minuit, je me rendis

donc à l'endroit arrêté le matin entre le docteur et moi pour nous trouver sur le passage des amants si leur mauvaise étoile les poussait à nous donner une répétition du rendez-vous de la veille.

Ce n'était pas seulement la curiosité, ce n'était pas non plus le désir seul de me rendre agréable au docteur qui me décidait à me mêler à cette aventure où, à la rigueur, il semble que je n'avais que faire. Ma position dans la maison, position déjà fort ancienne en 1849, m'obligeait à en suivre de près les mouvements, afin de ne pas les laisser éclater au grand jour d'une publicité toujours fâcheuse.

M. Kanali et sa femme m'avaient devancé au rendez-vous ; ils occupaient la place que je leur avais désignée. La figure du docteur portait le même caractère d'ombrageuse inquiétude dont je l'avais vue empreinte dans la matinée, tandis que sa femme était encore plus rayonnante de joie, si c'est possible, que la nuit précédente. Dès qu'elle m'aperçut, elle eut hâte de m'apprendre qu'elle répondait maintenant de la santé et de l'existence de sa fille, à laquelle elle se proposait de dire.

à la suite de la surprise qu'elle et le docteur allaient lui causer dans quelques instants, combien elle avait eu tort de ne pas mettre ses parents dans la confidence de sa nouvelle affection. Ils étaient assez riches pour ne pas lui refuser le droit de choisir un mari d'une position modeste, si toutefois c'était la médiocrité de fortune de celui qu'elle aimait qui était la cause du silence absolu gardé par elle en tout ceci, et s'adressant au docteur :

— N'est-ce pas votre avis ?

— Sans doute, sans doute ; à moins que Marthe n'ait eu d'autres raisons pour nous cacher cet amour.

— Quelles autres raisons aurait-elle, mon ami, pour craindre de notre part la moindre opposition à son mariage avec un jeune homme dont il est sûr qu'elle n'aura pas à rougir ?

— Je ne les connais pas, mais...

— Alors, pourquoi vous créer à plaisir ?...

— Elles peuvent néanmoins exister, ces raisons-là...

— Voilà ce que je nie.

— Alors, vous dirai-je à mon tour : —

Pourquoi Marthe se défie-t-elle tant de nous ?

— D'abord par le motif très-suffisant que je vous ai déjà dit ; ensuite, voyez-vous, mon ami, les jeunes filles ont comme besoin de ce voile, de cette discrétion... de cette dissimulation, dirai-je, pour donner à l'amour l'arome âcre et vivifiant de la crainte et de la douleur. Et enfin Marthe, arrêtez-vous aussi à cela, qui aimait éperdument, il y a si peu de temps encore, César Caseneuve, est, pour ainsi dire, honteuse d'exposer tout de suite au grand jour une autre passion, née d'hier, passion avouable, je le répète, et qu'elle vous confiera, j'en suis convaincue, une fois cette pudeur évanouie. Comprenez-vous un peu mieux maintenant ?

— Oui... oui... N'importe, répliqua le docteur, je suis curieux, je suis de plus en plus impatient de voir celui qui a pu éteindre d'un souffle l'amour qui la consumait et en allumer un autre immédiatement dans son cœur.

Comme la nuit précédente, la lune de juin illuminait l'immense coupole du ciel de sa clarté rêveuse. Le grand silence de minuit planait sur la grande ville. La grille de l'hospice, qui venait de s'entr'ouvrir, comme il était d'habitude depuis deux mois, pour laisser passer le chariot sinistre, s'était furtivement refermée sur lui. Rien en ce moment ne troublait le calme universel répandu sur le vieux faubourg, que les maraîchers de la banlieue ne sillonnaient pas encore, sur la maison de santé et sur le jardin où nous attendions l'événement.

L'événement ne tarda pas à se produire; les deux ombres, apparues le jour précédent, se dessinèrent vaguement à l'extrémité de la double allée dont il a déjà été parlé, et la question fut alors de savoir dans laquelle elles s'engageraient.

L'idée me vint qu'ayant suivi la veille l'allée où nous n'étions pas, les deux fantômes prendraient cette fois celle où nous les attendions, et, sur cette inspiration, je conseillai à M. et à Mme Kanali de nous porter dans l'autre.

Ils suivirent mon avis, et tous les trois nous passâmes aussitôt dans l'allée voisine, où nous nous effaçâmes de notre mieux. Mon pressentiment se vérifia.

Nous vîmes bientôt les deux ombres entrer dans l'allée que nous avions quittée, s'avancer mollement suspendues au bras l'une de l'autre, puis s'asseoir sur la banquette abandonnée par nous, place faite exprès pour des amoureux, excessivement propice aux doux entretiens aux étoiles. Le hasard voulut que le jeune officier de la garde mobile nous tournât le dos, tandis que Mlle Marthe s'était placée de manière à nous montrer en plein son visage, ce qui me permit de constater, en effet, comme le disait avec tant de ravissement sa mère, combien sa nouvelle passion avait apporté d'heureux changements dans toute sa personne. Je ne l'avais jamais vue si fraîche ni si jolie ; rien d'aussi charmant à contempler que son teint à la clarté fine et glacée de cette radieuse nuit d'été.

XIV

Comme leurs confidences allaient se faire à mots couverts, — tout l'exigeait, leur position, le silence de la nuit qui invite à la discrétion, — il allait nous être presque facile de les entendre ; mais, par la même raison, il eût été très-difficile de reconnaître, au son de la voix, quel était le jeune homme assis près de Marthe, si par hasard il eût été déjà connu ; car les paroles ont toutes le même caractère effacé lorsqu'elles sont émises sans éclat, lorsqu'elles sont éteintes : on parle pour ainsi dire au crayon.

— Ainsi donc, disait le jeune officier à Marthe, vous croyez fermement que votre père ne consentira jamais à m'accorder votre main ?

— J'en suis convaincue par son caractère, par son ambition, par tout ce qui est lui enfin.

— Vous voyez !... vous voyez... dit tout bas Mme Kanali à son mari, vous voyez si j'avais raison... Marthe est sûre que vous ne consentirez pas à donner sa main à un simple officier qui n'a probablement que son épée pour tout bien et pour tout avenir.

— Écoutons, répondit le docteur, écartant d'un geste de sa main agitée dans l'ombre la réflexion de sa femme. De grâce, écoutons...

— En ce cas, dit l'officier, que mon projet, chère Marthe, s'accomplisse.

— Et quel est ce projet, mon ami, ce projet dont vous me parliez la nuit dernière, et auquel j'ai pensé tout le jour ?

— Un projet vieux comme le monde, mais qui est le meilleur qui se soit encore offert aux pauvres cœurs contrariés sur la terre. Mon projet est de vous enlever.

A ces mots le docteur fit un mouvement pour passer d'une allée à l'autre. Il en fut empêché par sa femme. — Tout ceci, lui dit-elle, doit ne nous paraître que ce que cela est, et cela n'est qu'un enfantillage, un pur enfantillage, du moment où nous avons, nous, l'intention de les marier, n'est-ce pas ?

14

Regardez, il paraît d'une taille gracieuse et noble, ce jeune officier...

— Vous ne répondez pas, Marthe, reprit le jeune officier; vous m'assuriez pourtant la nuit dernière que vous consentiez à tout, ne voulant pas me laisser croire que vous aviez moins d'amour pour moi que j'en avais pour vous.

— Sans doute, j'ai dit cela, mon ami... mais où me mènerez-vous en m'enlevant?

— A deux pas d'ici, chez l'un de mes parents, d'où nous écrirons à votre père que nous sommes déjà bien loin, bien loin, et que nous allons partir pour la Russie s'il s'obstine à nous refuser son consentement.

— Vous l'entendez, continua à dire tout bas Mme Kanali au docteur, vous l'entendez, c'est toujours du roman. Oh! non, chère enfant, on ne t'enlèvera pas, murmura-t-elle; tu ne sortiras pas d'ici sans nous, car tu en sortiras mariée, et mariée à celui que tu aimes, avec ce jeune officier auquel nous devons que tu vives et que tu nous sois rendue.

— Et comment m'enlèverez-vous? reprit Marthe. Il n'est pas facile de sortir de cette maison; le jour, ma mère ne me quitte pas, et la nuit la grille est fermée. On nous verrait, et alors...

— Nous ne serons pas vus, bonne chère Marthe; nous nous en irons tout simplement par où je suis venu. Est-ce qu'on m'a vu entrer! — Non! voilà pourtant cinq nuits de suite que je m'introduis ici.

— Cinq nuits de suite! me dis-je, et comment? comment? Mais je me repris bien vite à écouter.

— Comment êtes-vous venu, poursuivit la fille du docteur, comment vous introduisez-vous, la grille étant toujours fermée? — demanda-t-elle et nous demandâmes-nous tous les trois en même temps avec elle par l'attention extraordinaire que nous apportâmes à recueillir la réponse du jeune officier.

— Ne me le demandez pas, répondit-il.

— Franchissez-vous les murs? Ils sont bien hauts.

— Oh non! Et comment d'ailleurs les franchiriez-vous, vous-même, pour sortir d'ici?

— Vous déguisez-vous, et quelque employé de la maison que vous avez gagné vous fait-il entrer par quelque porte secrète ?

— Je n'ai gagné personne.

— Mais alors c'est le diable, dit en riant Marthe, c'est le diable qui vous facilite le moyen d'entrer ici.

— Si ce n'était que le diable !

— Qu'est-ce donc en ce cas ? dit Marthe étonnée.

— Qu'est-ce donc ? murmura au même instant sa mère avec un frisson dans la voix et en élevant sa question aux oreilles plus qu'attentives du docteur, qui avait en ce moment le visage, le cou, le regard, l'esprit tendus comme un lion en arrêt, comme une bête fauve qui vient de flairer dans l'air le doute d'une proie.

— Ne m'interrogez pas davantage, Marthe, répondit le jeune officier. Et je remarquai qu'à partir de cette recommandation adressée à la fille du docteur, il ne cessa de s'essuyer le front ; on eût dit un homme dont les nerfs, contenus difficilement par l'effet de la volonté, sont travaillés par une épouvante intérieure : la sueur l'inondait.

— Non, je tiens beaucoup à savoir comment vous entrez ici la nuit, insista Marthe.

— Si je vous le disais, vous ne voudriez pas me suivre.

— C'est impossible !

— Je vous répète que malgré tout votre amour pour moi vous ne voudriez pas me suivre si je vous confiais le moyen que j'emploierai pour vous enlever, et que j'ai pris d'ailleurs jusqu'ici pour m'introduire.

Le jeune officier passa de nouveau son mouchoir sur son front.

Le docteur serra convulsivement les deux grosses branches dressées en écran qui le cachaient, et Mme Kanali, que j'observais, pâlit tout à coup comme si on lui eût retiré tout son sang par les pieds.

Marthe poursuivit en prenant affectueusement la main du jeune officier :

— Il est donc bien dangereux, votre moyen de m'enlever d'ici ?

— Il est... terrible.

— Terrible ?

— Oui...

— Dites-le-moi tout de suite, alors.

— Il sera toujours temps pour vous de le connaître au moment de l'exécution.

14.

— Et si je ne veux pas vous suivre alors?

— Vous le voudrez, je vous connais, dit le jeune homme aventureux en entourant de ses bras la jolie tête de Marthe.

— S'il en est ainsi, pourquoi me faire attendre?

Le jeune homme s'approcha encore plus près de Marthe, que sa mère ne quittait pas du regard, qu'elle couvait de son indéfinissable émotion.

— Pourquoi?... Parce que l'effroi que je vous causerais maintenant en vous révélant mon moyen d'évasion ne diminuerait pas l'effroi que vous ressentirez au moment même. J'aime mieux ne vous le donner qu'une fois.

— Mais, mon Dieu! qu'est-ce donc?

— Tenez, Marthe, ne m'interrogez plus là-dessus.

— César, je vous en supplie par tout notre amour, dites-moi...

— César! s'écria le docteur en écartant avec force les branches qu'il tenait afin de s'élancer d'une allée à l'autre; César!

Et il s'élança.

Caseneuve, en entendant prononcer son

nom derrière lui, se retourna brusquement.
Mme Kanali vit alors son visage.

— Le mort est revenu ! s'écria-t-elle ; ah !
cette fois, on ne le niera plus : c'est Bem-
Strombold ! c'est Müller de Rosenthal! c'est
César ! c'est le Vampire attaché à notre race,
au sang de notre maison, vouée à ses lèvres
meurtrières ; mort à lui ! Un pieu dans le
cœur ! un pieu dans le cœur !

Mme Kanali me parut terrible ; véritablement effrayante en ce moment, blafarde sous
ses cheveux gris, folle de crainte maternelle,
folle d'effarement magique, folle pour toute
sa race ; sombre et déchaînée comme les redoutables figures de la sorcellerie allemande,
celles qui dansent au clair de la lune, nu-
pieds, sur les pointes du Harz, quand elle
s'écria une seconde fois : un pieu dans le
cœur ! un pieu dans le cœur ! et qu'elle rôda
des yeux autour d'elle pour découvrir un vrai
pieu à enfoncer dans le cœur de Caseneuve,
qui, n'ayant pas attendu le pieu, avait quitté
l'allée au pas de course, au pas de fantôme.

Quelqu'un pourtant l'avait gagné de vi-
tesse dans cette fuite éperdue : c'était le

docteur, que je suivais aussi en courant, mais d'un galop beaucoup moins rapide. Son intention ne m'échappa pas : quand il vit que César allait s'engager sous la voûte de la grande porte pour sortir évidemment par la grille qu'il supposait ouverte, il le devança, il le coupa et courut se placer entre les deux côtés de la grille, qui était fermée. Or, comme j'étais à quelques pas de César, il était impossible qu'il nous échappât. Tout à coup je cessai de le voir, et j'estimai qu'il s'était enfoncé sous la voûte où précisément M. Kanali l'attendait. Aussi diminuai-je le pas en me rendant tout essoufflé auprès du docteur, que je trouvai encore plus haletant que moi.

— Eh bien ! me dit-il en me voyant, vous le tenez ? où est-il ? Livrez-le-moi.

— Mais non ; c'est vous qui le tenez.

— Comment, moi ? mais il était là, devant vous...

— Oui, mais il venait vers vous.

— Sans doute...

— Eh bien ! dis-je, qu'est-il devenu ?

— Quoi ! vous ne me le ramenez pas ? dit le docteur hébété, ivre d'exaspération.

répondant à ma même question par sa même question.

— Non... je ne vous le ramène pas, puisque c'est vous qui...

— Ah! dit-il, il nous échapperait!

Le docteur étouffait de colère.

Le fait est que César nous avait échappé à tous deux.

Il s'est donc enfoncé sous terre? Il y a donc un troisième dessous dans cette maison? dit le docteur accablé par cette étrange et inexplicable disparition.

Notre double et colossal étonnement aurait duré quelques minutes de plus encore devant cette grille de fer, à travers les barreaux de laquelle César n'avait pas pu passer cependant, et où le docteur avait si bien compté l'arrêter, si l'on ne nous eût tout à coup fait écarter pour l'ouvrir, et pour l'ouvrir à quelque chose de moins poétique et de moins vivant surtout que notre fugitif amoureux : c'était la tapissière que deux forts chevaux entraînaient.

Ce soir-là, la tapissière craquait sous le poids de sa lourde charge.

— Alors, dit le docteur aux deux tiers

désespéré, encore soutenu cependant par une rage qui lui tenait lieu d'un dernier tiers d'espoir, alors il est retourné au jardin... allons le chercher au jardin ! Courons le traquer... il ne faut pas qu'il sorte... il ne sortira pas !

Après la scène qu'on vient de lire, je ne sus plus vraiment que penser le lendemain quand, par la réflexion, je cherchai à me l'expliquer. Je me disais : « Voilà César qui était mort et qui revient en parfaite santé, et plus amoureux qu'avant, et plus résolu qu'il ne l'a jamais été, puisqu'il parle d'enlever la fille du docteur. » Moins courbé sous les pesantes réalités de ce monde, ma foi ! je me serais peut-être laissé aller, moi aussi, à l'émouvante superstition des vampires qui, à tout prendre, explique du moins l'extraordinaire par l'extraordinaire, et ce n'est pas déjà une manière si fausse de raisonner. Comme il n'en était pas tout à fait ainsi, comme, à tort ou raison, je ne croyais guère que ce que tout le monde a cru jusqu'à moi, je ne me sentis pas de force, malgré le merveilleux de l'événement et le fanatisme de Mme Kanali, à accepter les convictions de cette dame, pas plus que je ne les avais admises l'avant-dernière nuit, quand elle m'avait raconté avec une complaisance si étendue les faits relatifs aux vampires déchaînés contre elle et contre sa mère, et que j'appellerai volontiers les vampires de la première et de la seconde race.

Là n'étant pas mes croyances, je me promis de voir clair au fond de cette intrigue, à laquelle, — si peu romanesque que je sois de ma nature, — je fus progressivement entraîné à m'intéresser, et que je brûlai de suivre jusqu'au dénoûment. Qu'on juge si, animé de pareils sentiments de recherches et de curiosité, j'acceptai avec satisfaction l'invitation que me fit quelques jours après le docteur Kanali, invitation qu'en toute autre circonstance cependant j'eusse déclinée autant par modestie que par convenance. Il me pria d'assister à une espèce de conseil de famille où seraient examinés, au point de vue des résolutions à prendre dans l'intérêt de tous, les faits qui se rattachaient à la nuit marquée par la réapparition, assez extraordinaire au fond, de César Caseneuve, vampire ou non vampire. Je balbutiai quelques raisons insignifiantes pour m'excuser de ne pouvoir me rendre à cette invitation ; mais, en fin de compte, j'acceptai et je m'y rendis.

Les trois personnes composant la famille se trouvaient réunies ; le docteur, sa femme et leur fille.

La chouette dormait sur la cheminée.

Je n'ai pas souvenir de figure plus expressive dans sa désolation que celle de Mme Kanali. Cruellement éprouvée, il paraît, par les émotions de la nuit, encore si rapprochée, où elle avait revu César, elle gardait sur ses traits médusés par la terreur la surprise produite par cette apparition. L'égarement creusait ses yeux à une profondeur infinie, et sa bouche semblait déchirée par les cris d'anathème qu'elle avait jetés. Quand j'entrai, elle était à demi renversée sur le divan et entortillée dans un grand châle noir qui lui descendait jusqu'aux jambes.

Il n'y a que l'exaltation morale pour amener ces extases sombres auxquelles les plus grandes douleurs matérielles n'atteignent pas, parce que ces dernières brisent le corps, et ici le choc avait passé par-dessus le mal physique pour aller frapper en plein la sensibilité, la raison, enfin, tout ce que Dieu seul a le secret de guérir. Le retour de ce jeune homme, après la constatation officielle de sa mort, était venu lui remettre trop douloureusement en mémoire le retour de deux autres fantômes, qu'il avait été si difficile de refouler dans les cavernes du néant pour ne pas troubler la mère de Marthe, pour ne pas l'exaspérer, au point de la rendre telle que je l'avais sous mes yeux. Les siens ne quittaient leur immobilité rêveuse que pour fouiller autour d'elle avec l'inquiétude sauvage de la monomanie, comme si elle se fût attendue à voir à chaque instant César Caseneuve sortir de l'épaisseur des murs. Cette crainte était si forte chez elle qu'elle tenait les mains de sa fille avec les siennes dans la position de quelqu'un qui soulève une personne tombée dans un précipice ou dans le feu, et qui cherche énergiquement à la ramener à soi pour la sauver.

— Comment! débuta-t-elle par dire à sa fille en plongeant comme deux épées ses regards dans ceux tout étonnés de Marthe; comment! vous n'avez pas deviné que vous étiez la dupe d'un mensonge funeste quand vous avez vu reparaître devant vous César Caseneuve?

Le mot *funeste* ne fut pas celui qui surprit le moins Marthe parmi ceux qui venaient ouvrir le feu contre elle. Pourquoi funeste? D'ailleurs, elle se demanda aussi quel mensonge il y avait dans la présence de César, présence extraordinairement imprévue sans doute, mais très-réelle.

— Laissons un instant de côté la question des apparitions, que nous agiterons plus tard si vous y tenez beaucoup, dit le docteur, et sachons de Marthe comment elle explique elle-même le retour de César Caseneuve dans ce monde, quand il a été avéré, publié, qu'il l'avait quitté tel jour, telle heure...

— N'est-ce pas là aussi ce que je demande? repartit Mme Kanali sans abandonner les mains de sa fille.

— Sans doute, mais vous la placez sur le terrain vaporeux de la magie, et moi, je la mets sur celui beaucoup plus solide de la réalité.

— La réalité! dit ironiquement Mme Kanali.

la réalité! mais c'est ce que j'ai vu, c'est ce que nous avons vu tous les trois qui est la réalité : — une apparition échappée du monde des ténèbres.

Quoique habituée depuis l'enfance aux façons mystiques de sa mère, Marthe, à qui Mme Kanali n'avait jamais parlé de ses doctrines superstitieuses de peur de l'effrayer et d'éveiller en elle des pressentiments qu'elle ne la supposait que trop disposée à accueillir et à développer, ne comprenait rien à son agitation ni à son langage. Elle admettait très-difficilement la bizarrerie de sa conduite avec elle. La veille, elle lui avait donné à comprendre qu'elle lui connaissait un nouvel amour au cœur, et elle en avait paru tout heureuse, et le lendemain elle l'accablait de reproches à cause de ce même amour. Est-ce parce qu'elle découvrait qu'il revenait fidèle à Caseneuve revenu? Mais jamais Marthe n'avait remarqué chez sa mère une répulsion absolue contre ce jeune homme. Marthe raisonnait juste sur tous les points, excepté sur un seul : c'est que sa mère avait toujours vu avec des appréhensions formidables César courtiser sa fille; seulement, elle n'avait confié le secret de son effroi qu'à son mari.

— Soit, reprit le docteur, votre réalité est la bonne; mais je vous ai déjà dit que nous examinerions plus tard ce côté de la question. Je prie encore une fois Marthe de me répondre : Marthe, comment vous expliquez-vous naturellement le retour de César Caseneuve?

— Je l'explique, répondit Marthe de plus en plus émue de cet appareil de questions et de la physionomie de plus en plus hagarde de sa mère, je l'explique comme M. Caseneuve me l'a expliqué lui-même. Ses médecins l'avaient laissé si malade la dernière fois qu'ils le virent qu'ils le considérèrent comme perdu, si bien qu'en sortant de la maison ils dirent au concierge : « Votre jeune locataire est un homme mort, » et aussitôt le concierge courut faire sa déclaration à la mairie. M. Caseneuve n'était pas mort du tout; il était même si loin de l'être qu'il se leva le lendemain, sortit le jour suivant, et vint ici au rendez-vous qu'il m'avait demandé.

— Tout cela est en effet possible, dit le

docteur quand sa fille eut donné son explication. Je l'admets sans difficulté, mais j'entends...

— Possible... possible... gronda Mme Kanali... Vous admettez, dites-vous, sans difficulté... Mais c'est insensé ! songez donc...

— Sans doute, cela est très-possible, répéta le docteur, qui sentait approcher un orage qu'il voulait à tout prix conjurer. J'en fais juge M. Morel.

— Mon avis est le vôtre, répondis-je. Dans un temps comme celui-ci, les déclarations à la mairie n'étant pas rigoureusement contrôlées, on inscrit sur la liste des décès à peu près qui l'on veut. Le moyen est facile. C'est un prétexte tout trouvé pour disparaître à son gré et reparaître quand on le juge convenable.

— Très-bien ! répliqua énergiquement Mme Kanali ; mais songez donc que les créatures maudites, dont on veut m'empêcher de parler, choisissent toujours les meilleurs prétextes pour reparaître sur la terre : elles se servent des plus naturels afin de mieux tromper les vivants ; et c'est précisément parce que le prétexte employé par Caseneuve est naturel, qu'il faut s'en méfier le plus. D'ailleurs, continua Mme Kanali en élevant la voix, qui est-ce qui a interrogé les médecins qui ont dit au concierge : « Votre jeune locataire est un homme mort? » — Personne! Qui de vous a entendu ce concierge lui confirmer le propos? — Personne! Et d'ailleurs, pourquoi lui, César, l'homme de la nuit, lui qui a si facilement avancé toutes ces impostures, n'a-t-il pas su dire comment il s'était introduit ici, dans cette maison? C'est qu'ici les prétextes lui manquaient. Les murs? il vous l'a dit lui-même, interrogé : — infranchissables; les employés? il l'a dit aussi : — incorruptibles. Comment donc s'est-il introduit? Il ne répond rien; il n'avait rien à répondre. Ah! c'est que, pour entrer dans cette maison, il faut dire ce qu'on est, et ce qu'il est ne se dit pas. Eh bien! moi, je le dis : c'est un vampire, un vampire, un vampire!

XV

Nous venons de le dire, Marthe avait toujours été tenue éloignée par sa mère de toute confidence précise sur les dangers courus par les ascendantes de la famille au contact des êtres ténébreux auxquels, on vient encore de le voir, elle, Mme Kanali, avait une foi aveugle, incarnée chez elle par des épreuves personnelles et le préjugé national. Qu'on imagine donc si la dernière exclamation de sa mère la frappa d'égarement et d'épouvante ! Son sang s'arrêta dans ses veines, ses nerfs tressaillirent comme à une détonation qui eût éclaté soudainement sous ses pieds et l'eût lancée dans les airs. Horreur ! celui qu'elle aimait, César, passait tout à coup, par l'autorité sacrée de sa mère, du monde possible, du monde commun à l'humanité, dans celui du sortilége, dans celui des êtres souterrains, créatures immondes et réprouvées. Elle avait mêlé son amour jeune, frais, délicat, à celui d'un être au-dessous d'un démon; car les démons, du moins, sont en possession de la vie violente de la damnation ; ils entrent dans la création par un arrêt de Dieu; ils sont les génies persécuteurs commis par lui aux châtiments des hommes; mais les vampires n'entrent dans aucun ordre, dans aucune classe, dans aucun calcul de la création. Ils ne sont ni la vie ni la mort, ni le néant ni l'enfer; ils sont la vie morte, ils sont la mort qui affecte la vie; ou plutôt ils sont la grimace effrayante de l'une et de l'autre. Les morts les rejettent avec épouvante la nuit, et les vivants ne les redoutent pas moins.

Comme Marthe ne les connaissait que par ce qu'elle en avait appris par les livres, qu'elle ne les avait pas discutés avec elle-même au point de vue de leur possibilité réelle, elle ne se trouvait pas dans une situation d'esprit à les nier avec la fermeté de la raison : sa raison surprise, au contraire, saisie, enveloppée, emportée par le rapide tourbillon de feu sorti de la bouche fanatisée de sa mère, était perdue, plongée dans une ivresse folle, dans une terreur incommensurable, et elle lui rendait, à sa mère, phénomène étrange non unique cependant, frisson pour frisson, défaillance pour défaillance, pâleur pour pâleur.

Profitant du pont que lui faisait, pour ainsi dire, sa verve frénétique, Mme Kanali y passa pour aller droit à des questions qu'en toute autre circonstance j'eusse trouvées extraordinaires dans sa bouche ; il est vrai que Molière, dans *l'École des femmes,* a suffisamment prouvé que la peur touche parfois à la naïveté.

— Quand ce monstre vous parlait, ma fille, ne vous sentiez-vous pas envahie par une vapeur terreuse qui vous étouffait?

— Je ne sais, balbutia avec embarras Marthe. Je ne sais... j'éprouvais tant de choses... il est possible... pourtant non, non... aucune vapeur terreuse.

— C'est que vous ne l'aurez pas remarqué. Et quand il vous prenait les mains, continua Mme Kanali sans quitter celles de sa fille, qu'elle serrait au contraire avec plus d'énergie encore, n'avez-vous pas senti que les siennes étaient horriblement glacées?

— Ses mains?...

— Oui...

— Attendez que je me souvienne... Non, ma mère, non... je crois même me souvenir de lui avoir dit plusieurs fois qu'elles étaient brûlantes.

— Ce n'est pas général, en effet, reprit Mme Kanali ; il y a des vampires qui dissimulent cette froideur de plusieurs manières. Passons ; dites-moi, Marthe... mais je ne sais moi-même comment vous dire... cependant il le faut... je suis forcée de vous demander...

Mme Kanali hésitait beaucoup à s'expliquer sur un dernier point qu'elle jugeait fort essentiel, mais fort délicat aussi, on le voit. Il y avait lutte chez elle entre son respect pour sa fille et le besoin de la convaincre cependant jusqu'à la plus incisive précision qu'elle devait ne pas douter un seul instant qu'elle avait partagé son amour avec un vampire.

— Marthe, reprit-elle avec un extrême effort sur elle-même, et comme résolûment décidée, coûte que coûte, à poser la question à sa fille ; Marthe, dit-elle à demi-voix, quand les lèvres de ce maudit vous ont touchée...

— Assez ! interrompit le docteur Kanali, assez ! Pour la troisième fois, dit-il, je ne veux pas que vous montiez jusqu'au délire l'imagination de notre enfant, quand il s'agit tout simplement, tout uniment, de lui déclarer que cet amour qu'elle a éprouvé malgré nous pour ce jeune homme est un amour sans résultat, sans but, sans avenir pour elle; car moi, son père, je ne consentirai jamais à la marier à l'homme à qui je l'ai déjà refusée; jamais! Puisque c'est là, madame Kanali, que vous voulez en venir, j'y arrive tout de suite avec grande économie de temps et de terreurs inutiles.

— Terreurs inutiles! s'écria Mme Kanali, terreurs inutiles! mais si je n'avais pas conduit Marthe au bout du gouffre pour lui en dévoiler toute la noire profondeur, Marthe n'aurait jamais eu le vertige salutaire qu'elle éprouve, elle n'aurait pas reculé, elle n'aurait pas su pourquoi on refusait sa main à un jeune homme qu'elle aimait et qu'elle va maintenant haïr, exécrer, maudire autant qu'elle l'aimait.

— Je ne pourrai jamais le haïr, dit Marthe.

— Quoi! vous ne le détestez pas? demanda Mme Kanali, étonnée à s'évanouir de cette singulière manière chez sa fille d'approuver ce qu'elle venait de dire et d'affirmer au docteur.

— Ah! bien au contraire.

— Ainsi, poursuivit Mme Kanali sur le même ton de naïve stupéfaction, ainsi vous ne nous promettez pas de ne plus vous prêter aux tentatives qu'il oserait risquer pour renouer des rapports avec vous?

— Je ne promets pas cela, répondit Marthe, malgré l'épouvante qui lui blanchissait encore les lèvres.

— Mais c'est ta mort qu'un pareil amour!

— Ce sera ma mort, répondit Marthe en tremblant.

— Une mort lente.

— Je serai heureuse plus longtemps.

— Mais il t'emportera avec lui!

— Alors je serai heureuse toujours.

— Eh bien! moi, je le tuerai, je le jure! je le jure!

— Je serai heureuse plus tôt, car je mourrai avec lui, dit l'inflexible jeune fille toujours malgré la terreur dont elle ne sortait pas.

— Oh! s'écria Mme Kanali, oh! voilà bien comme sont toutes les malheureuses jeunes filles tombées sous l'influence de ces abominables reptiles qui commencent par les fasciner pour les damner ensuite et les enlever enfin à la tendresse de leurs parents, à l'œil de Dieu, au salut de leur âme.

Après le dernier mot de cette dernière sortie contre les vampires, Mme Kanali, sibylle et mère, sombre et en larmes, exaltée et désespérée, s'enroula les épaules et la tête dans les plis supérieurs de son châle indien, et laissa faire à son aise la fatalité, sans oublier le serment qu'elle venait de proférer, le serment fanatique de tuer César Caseneuve, et de le tuer comme on se défait de ceux de son espèce quand on veut les faire mourir une bonne et dernière fois.

— Vous avez employé tous les moyens en votre pouvoir, dit le docteur Kanali en posant la main sur sa femme pour la calmer, et ils n'ont rien produit : voici le mien.

Le docteur se tourna vers moi :

— Monsieur Morel, me dit-il, vous ferez régler le mémoire de nos dépenses dans la maison, que nous quitterons dans quelques jours pour aller en Amérique. Nous verrons si les vampires traversent l'Océan.

Vingt jours s'étaient écoulés depuis la bizarre rencontre à la crèmerie Myrrha du docteur Kanali avec les comédiens Saint-Aimable et Michelin ; le moment était donc arrivé où les deux fossoyeurs d'occasion s'étaient engagés à lui livrer Jean-Paul Désormeaux, le populaire orateur du club Martel. Le docteur attendait avec la plus inquiète impatience l'heure de cette livraison pour procéder à l'embaumement de ce magnifique sujet. Il était d'autant plus pressé de s'emparer, de jouir du succès de cette opération, succès certain, immense, infaillible, qu'il avait arrêté d'une volonté irrévocable dans son esprit de s'éloigner de la France immédiatement après son triomphe, et ainsi qu'il me l'avait dit, de passer en Amérique avec sa fille Marthe, qu'à tout prix il tenait à arracher à ce fatal amour pour César Caseneuve, amour devenu, par un concours d'événements naturels ou surnaturels, le trouble et le délire de la famille. Marthe, on l'a vu, en était ensorcelée ; Mme Kanali y découvrait la malédiction divine sous une forme horrible, et lui, le docteur, avait fini par le regarder comme un défi outrageant porté à son autorité de savant et de père.

Il y a dans beaucoup de familles de ces duels à mort entre les désirs des enfants et les exigences des pères, de ces luttes marquées par un dernier jour, par une dernière catastrophe où les liens d'affection, de respect, de sang, longtemps tendus, se brisent au choc d'une passion injustement conçue ou injustement repoussée. Eh bien, ce dernier jour, cette dernière catastrophe avaient sonné pour la famille Kanali.

Cinq jours après l'apparition et la disparition presque magiques de Caseneuve, M. Kanali, venant par l'allée des *Convalescents*, se dirigea vers moi; il paraissait, d'un instant à l'autre, bouleversé et rayonnant. Je venais de porter le *Journal des Débats* au directeur, et j'allais porter *la Presse* à M. l'aumônier. Je m'étais arrêté au rond-point du grand bassin, où je m'occupais de dégager la grille des mousses et des herbes qui l'engorgeaient. Sur les traits contractés du docteur Kanali, beaucoup plus calmes d'habitude, éclataient et fulguraient par intervalles des joies subites. Évidemment, des sentiments d'égale force, mais de diverse nature, partageaient son cœur; parfois l'un submergeait l'autre, parfois ils se heurtaient ; et alors, comme dans les éclipses, la lumière et l'ombre se découpaient sur son visage et lui prêtaient un bizarre aspect.

L'allée des *Convalescents* étant assez longue, j'eus le loisir de constater cette pittoresque conflagration sur sa physionomie. J'allai à lui ; car j'avais à l'entretenir de ses propres intérêts et très-certainement d'une des deux fortes préoccupations qu'il apportait en venant à moi, sans m'avoir encore aperçu à la place que je venais de quitter près du bassin. Il parlait haut, gesticulait beaucoup, souriait à lui-même, menaçait, redoublait le pas, le ralentissait tout à coup, puis se démenait de nouveau ; de nouveau il se frottait les mains avec satisfaction pour recommencer plus loin ses menaces contre un ennemi absent.

— Eh bien ! lui dis-je à distance, rien de nouveau, docteur, je n'ai rien appris.

Je le tirai de son cauchemar éveillé.

— Ah ! c'est vous, monsieur Morel. Rien de nouveau sur ce jeune homme, n'est-ce pas ?

— Rien,

— Pourtant, depuis la nuit où nous l'avons si bien poursuivi et où nous l'avons si bien laissé échapper, c'est-à-dire depuis cinq jours, il est venu quatre fois.

— Oui, il est venu ici quatre fois ; et malgré ma vigilance, préparée à toutes les ruses qu'il peut employer, impossible, docteur, toujours impossible de savoir comment il s'introduit et comment il s'en va.

— Quatre fois, répéta le docteur avec une colère pleine d'irritation, quatre fois ! Il n'a plus revu ma fille, certes ! car nous ne la laissons plus descendre la nuit au jardin ni seule dans sa chambre ; sa mère l'a installée dans la sienne ; mais néanmoins il est venu, et venu quatre fois, j'en ai la preuve. La première, il a attaché sous sa croisée un bouquet dans lequel j'ai saisi un billet où ces mots étaient écrits : « Espérez, chère Marthe, dans quatre jours nous serons réunis. » Comprenez-vous cette audace ? *Dans quatre jours ils seront réunis !* — Le lendemain, autre billet ; cette fois attaché au cou de la chouette, qui, ne pouvant entrer dans la chambre de Marthe, puisque Marthe n'habite plus cette chambre, circonstance ignorée du dehors, a fini par revenir à la chambre de Mme Kanali. Mme Kanali a vu, a pris et nécessairement a lu ce second billet et les paroles qu'il renfermait.

Ces paroles les voici : « Espérez toujours, chère Marthe; plus que trois jours. » Il persiste, comme vous le voyez, s'interrompit pour dire le docteur, il persiste, le misérable ! quel plan a-t-il donc?... Je poursuis : le lendemain, qui était hier, troisième billet glissé sous la porte de la chambre lorsqu'on croyait sa mère endormie, et ces mots : « Espérez toujours, toujours, chère Marthe ; plus que deux jours à espérer. » Eh bien ! que dites-vous, monsieur Morel, de cette impertinente sécurité, de cette certitude qui renouvelle chaque jour son affirmation?... Ah!... Ce matin enfin, quatrième et dernier billet que j'ai trouvé tantôt, piqué sous la chaise où ma fille s'assied à la chapelle de la maison : le voici, du reste, je l'ai encore à la main, je viens de le découvrir sous la chaise.

Et le docteur lut ce quatrième billet dont je vais vous dire à peu près le contenu. « Espérez plus que jamais, chère Marthe, ce soir nous serons réunis : le chloroforme que je vous fais parvenir dans la bague cachée dans cette lettre procurera à votre mère un sommeil de quelques minutes pendant lequel vous pourrez sortir de sa chambre sans courir le risque de l'éveiller. A ce soir donc, là où nous nous rencontrions ordinairement et à l'heure accoutumée. Vous m'avez dit que pour me suivre vous ne reculeriez devant aucun moyen de sortir de cette maison : le moment est venu de réaliser votre chère promesse ; mais le moyen est terrible, je ne vous l'ai pas caché ; je ne vous le cache pas. Aurez-vous du courage ? »

En sorte que si je n'avais pas trouvé ce billet, continua le docteur, ce soir, quand ma femme eût été endormie par le chloroforme, ma fille se serait esquivée, serait venue ici dans ce jardin se joindre à Caseneuve, et ils seraient partis ensemble. Mais c'est à croire, reprit le docteur en frappant avec violence du pied contre la terre et du poing contre un arbre, c'est à croire, comme ma femme, à la magie noire, à la magie blanche, aux brucolaques et aux vampires, quand on voit cet infatigable poursuivant de ma fille, ce persécuteur de notre repos, s'insinuer dans cette maison sans que jamais l'on arrive à connaître par quel moyen surhumain, par quelle voie inouïe, par quelle brèche fantastique du mur, par quelle porte, par quelle ruse, car vous n'avez rien découvert depuis cinq jours ?

— Rien, je le répète, et pourtant, je vous l'affirme sur l'honneur, j'ai fait garder tous les endroits par où il serait possible à quelqu'un de s'introduire : jardin, cour, cave, caveaux, greniers...

— Pourtant, ce n'est pas un esprit, une flamme, un éclair, voyons, monsieur Morel !

— Non, mais il est insaisissable.

— Ah ! ne pouvoir mettre la main sur lui ! Que j'aurais du plaisir, du bonheur à le tenir là et à lui faire payer goutte à goutte toutes les colères, toutes les rages qu'il allume en moi depuis trop longtemps !

— Voyons, osai-je dire au docteur Kanali, pourquoi, surmontant quelques répugnances que je conçois, que j'admets, mais que j'admets difficilement éternelles chez un homme de grand sens comme vous, ne donneriez-vous pas votre fille à ce jeune homme dont vous m'avez vanté vous-même l'intelligence, l'honorabilité, appelé à hériter un jour, si je ne me trompe, d'un oncle fort riche, un jeune homme, ajoutai-je, médecin comme vous?

M. Kanali ne me laissa pas achever.

— Pourquoi je ne veux pas de lui pour gendre, pourquoi, me demandez-vous ? Je n'en veux pas, précisément parce qu'il est médecin, ou plutôt parce que, ayant le titre et la science de médecin, il n'en a pas les qualités, parce qu'il n'en a pas la première de toutes : le courage. Le médecin est un soldat ; dans beaucoup d'occasions ce soldat est destiné à s'élever jusqu'à l'héroïsme. Le danger fait partie de notre noble profession. Sur le champ de bataille, le médecin court au milieu de la pluie des balles, traverse des réseaux de boulets, se guide à la lueur des bombes pour aller panser les blessés et relever les mourants. Dans nos cités, il plonge à chaque instant dans l'atmosphère des fièvres les plus meurtrières; il les respire, il se les inocule par le contact. Du bras empoisonné du malade qu'il opère jaillit souvent une goutte mortelle qui va le tuer en se posant sur sa main qui cherche à guérir ou au bord de son œil. Et dans nos hôpitaux, qui mieux que vous le sait, monsieur Morel, n'est-ce pas le péril immédiat, constant sous toutes les formes et à toutes les places? Voyez, dans les temps d'épidémie tels que ceux qui nous sont infligés par Dieu à cette heure mauvaise, c'est pour le médecin la perte de la vie presque à coup sûr dans un intervalle donné. Qui recule, qui hésite devant ces conditions imposées à notre profession, n'est pas digne de l'exercer, d'en revêtir le titre.

Eh bien! ce jeune homme dont vous me parlez, dont vous vous étonnez que je ne veuille pas pour gendre, poursuivit le docteur, entraîné à faire allusion, — je le vis venir, — à son affaire d'embaumement au Val-de-Grâce, où je savais que Caseneuve avait perdu la tête, ce jeune homme n'a pas le courage qu'exige la profession de médecin; il est mauvais soldat, il a peur des balles de la maladie et des boulets de la mort. Je n'en voudrais pas dans nos rangs, je n'en veux pas pour ma fille. Qu'il aille trembler ailleurs ; ne m'en parlez plus pour gendre ; ne m'en parlez plus! Plutôt que de voir ma fille Marthe à son bras, j'aimerais mieux la voir sortir d'ici ce soir dans l'une de ces voitures sinistres que je ne regarde jamais moi-même sans un frémissement invincible, tout médecin pourtant que je suis. — Mais qu'avez-vous ? s'arrêta pour me demander le docteur Kanali, étonné de me voir reculer de quelques pas et pâlir aux dernières paroles qu'il venait de prononcer. Éprouveriez-vous quelque subit malaise ?

— Rien, rien, lui dis-je ; c'est tout moral ce que j'éprouve. Tenez, dis-je au docteur, en attendant que je me sois remis, et ce ne sera pas long, parcourez ce journal sur cette banquette... j'aurai ensuite à vous parler... J'ai besoin de réfléchir pendant quelques minutes.

XVI

Quoique le docteur ne comprît rien à ma défaillance subite, il soupçonna qu'il s'agissait de quelque fait, de quelque chose se rattachant par des fils éloignés à la conversation que nous avions eue à propos de sa fille. Il m'examina, s'assit sur la banquette près du bassin, et lut le journal que je venais de lui remettre, tandis que je me livrai à mes réflexions.

— Ah! grand Dieu! qu'ai-je lu? s'écria M. Kanali. Non, jamais pareille déception ne tomba si cruellement sur quelqu'un.

— Qu'est-ce donc?

— C'est fait pour moi! Abomination!

— Mais qu'est-ce donc? m'informai-je une seconde fois auprès du docteur. Vous semblez anéanti sous le poids de quelque nouvelle terrible : que vous apprend donc ce journal ?

— Je suis désespéré autant qu'on peut dire, désespéré !

— Si je savais quel motif...

— Vous allez savoir. Vous savez déjà...

Le docteur étouffait. Il s'arrêta un instant pour respirer ; il reprit avec peine :

— Vous savez, me dit-il, cet homme de la salle Martel, l'orateur politique qu'on amena mourant ici un soir, il y a de cela un mois environ... par une nuit d'orage ?

— Jean-Paul Désormeaux, je crois...

— Oui, Jean-Paul Désormeaux. J'avais conçu le projet de lui faire une seconde immortalité en l'embaumant d'après un procédé qui l'eût rendu aux yeux de ses partisans fanatiques aussi beau qu'il l'a jamais été. Je passe sur des détails relatifs aux divers essais en ce genre que j'ai déjà tentés avec succès et qui me répondaient d'une réussite immense.

— Détails que je sais, pensai-je.

— Ce soir, ce soir même, reprit le docteur, je devais opérer la miraculeuse transformation ; tout était prêt pour cela : local, isolement, agents chimiques.

— Eh bien ? est-ce que ce journal vous fait pressentir quelque difficulté imprévue ?

— Si ce n'était qu'une difficulté ! s'écria le docteur en froissant le journal entre ses mains pleines de colère. C'est une impossibilité, une impossibilité radicale, insurmontable. Quel scélérat !

— Mais qui donc est un scélérat ?

— Lui !

— Qui ? lui. L'indignation obscurcit vos idées, et vos paroles...

— Lui !... vous dis-je.

— Jean-Paul Désormeaux ?

— Écoutez ce passage du journal.

Après avoir effacé avec ses mains toujours émues les plis du journal, le docteur lut d'une voix tremblée par la passion dont il était agité le paragraphe suivant :

J'écoutai de toute mon attention surexcitée.

« Au profond étonnement du parti répu« blicain, on vient de découvrir que l'un des « plus populaires orateurs du club de la salle « Martel, le trop fameux Jean-Paul Désor-

« meaux, le vertueux, l'incorruptible Jean-
« Paul Désormeaux, avait des affinités quo-
« tidiennes avec la police, à laquelle il aurait
« toujours appartenu. Condamné à l'âge de
« vingt ans comme faussaire, il serait resté
« cinq ans à Melun, où son éducation pre-
« mière, sa parole facile, des aptitudes rares
« pour toutes les choses de l'esprit, l'auraient
« fait distinguer des autres réclusionnaires.
« A l'expiration de sa peine, la police jeta
« les yeux sur lui comme sur un sujet dont
« elle aurait à tirer le meilleur parti. On lui
« donna d'abord un autre nom que le sien,
« échange auquel il n'avait rien à perdre, et
« sous son nouveau nom il put, sans porter
« ombrage au parti républicain si justement
« méfiant, faire chaque jour sur les membres
« et les intentions de ce parti d'utiles rapports
« à la police de Paris. Aussi prétend-on
« qu'il a rendu dans ces derniers temps de
« crise de grands services à l'administration
« de la rue Jérusalem. On lui serait rede-
« vable de l'arrestation de plusieurs chefs
« de section qui voguent en ce moment à
« pleines voiles vers Nouka-Hiva. La salle
« Martel fut le champ où il s'exerça avec le

« plus de succès au profit de ceux dont il
« touchait la reconnaissance sous la forme
« ronde de deux mille francs par mois. C'est
« là qu'il se montrait le plus intimement en
« rapport avec le parti rouge, qui n'a jamais
« soupçonné quel loup on avait glissé dans la
« bergerie, s'il est permis toutefois de se
« servir de cette comparaison prairiale à pro-
« pos de messieurs du parti rouge. Jugez de
« leur indignation pourprée depuis deux jours
« que la nouvelle circule. On ne parle rien
« moins que d'exhumer Jean-Paul Désor-
« meaux et de le plonger dans l'égout du
« faubourg Poissonnière. Si nous blâmons
« ces moyens outrés de vengeance, nous
« comprenons fort bien cependant l'horreur
« que doit inspirer un traître, quel que soit
« le parti qu'il vend. Le silence du mépris
« est le seul châtiment qu'il faille lui infliger,
« surtout quand la mort l'a déjà enlevé aux
« coups de ses ennemis. Quoi qu'il en soit,
« voilà donc Jean-Paul Désormeaux passé en
« un instant du Capitole lumineux de la po-
« pularité à la roche Tarpéienne de l'insulte.
« Nous sommes restés Romains sous le rap-
« port de ce violent contraste dans nos ma-

« nières de nous conduire avec ceux qui nous
« trompent pendant les grandes commotions
« politiques, pierre de touche des individus
« aussi bien que des masses. »

Et maintenant, reprit le docteur Kanali d'un autre son de voix, et cette fois c'était sur le ton de l'abattement qu'il parlait, voulez-vous que j'aille embaumer un traître? Oh! la belle combinaison de rendre l'animation, l'expression, le coloris de la vie à un espion, à un mouchard! C'est un projet coulé, une affaire brûlée. Voyez-vous, monsieur Morel, voyez-vous, dit en terminant le docteur Kanali, et j'admirai sa péroraison tout en étouffant une forte envie de rire; voyez-vous, il ne faut jamais laisser écouler plus de quarante-huit heures entre le décès d'un homme et sa résurrection. Trois jours après il est déjà trop tard : le grand homme est devenu un bandit, il est reconnu un espion ou un dilapidateur, il est démontré un traître ou un voleur, il est affirmé un faussaire ou un scélérat. Mais que vais-je faire à présent? Il n'y a plus rien à faire, se répondit le docteur, en cherchant de ses deux mains à arracher la banquette sur laquelle il était assis. Voilà deux fois que j'échoue dans la même tentative. La fatalité est là : je ne recommencerai pas ma lutte avec elle; ce pays m'est contraire. A moi donc un autre pays, pour avoir une autre fatalité! Je quitte la France! Et je pars tout de suite. Mon parti est pris. Il est midi, je monterai en chemin de fer à trois heures pour Dieppe. Je passe à Londres, où je serai demain matin avec ma famille. Après-demain je m'embarque à Southampton pour New-York.

Poussé par l'exaltation, le docteur se leva; il allait s'éloigner pour exécuter sur-le-champ son projet.

Je l'arrêtai. — Docteur, lui dis-je, donnez-moi jusqu'à demain.

— Jusqu'à demain, et pour quel motif?...

— Jusqu'à demain seulement.

— Mais encore pour quel motif, quand ma destinée me force à m'éloigner?...

— J'ai le pressentiment, répliquai-je, qu'un fait décisif se présentera d'ici à demain qui la changera.

— A mon avantage?

— Sans cela je ne vous proposerais pas...

— Non, il est impossible que quoi que ce

soit vienne d'ici à demain améliorer une situation aggravée encore par le lourd chagrin de famille que vous connaissez. La seule consolation possible que j'aurais eue dans la confusion d'idées où me plonge ce qui m'arrive, ma seule consolation, ma fille, me désole comme le reste, plus que le reste, elle afflige sa mère. C'est un naufrage de famille. Non, croyez-moi, ne me demandez pas un délai inutile, laissez-moi partir.

— Vous n'éprouverez pas ce naufrage, je l'espère beaucoup du moins, si vous consentez à ce que je vous demande.

— Quel projet roulez-vous dans votre esprit?... Vous avez dans la voix, dans le regard, dans cette main qui serre si cordialement la mienne, des préoccupations, des sentiments, des choses que vous ne m'avez pas laissé pressentir quand je suis arrivé tantôt ici près de vous.

— Un mot qui vous est échappé, répondis-je au docteur, a été pour moi un trait de lumière, un rayon de feu dans l'obscurité. Croyez-moi, donnez-moi jusqu'à demain.

— Soit, je vous donne jusqu'à demain.

— Ce n'est pas tout encore ; je ne puis pas tout faire seul.

— Parlez ! qu'attendez-vous encore de moi ?

— Retournez à la chapelle, d'où vous avez rapporté le billet écrit par César Caseneuve à votre fille, et replacez-le sous la chaise. Il est probable que votre fille le prendra, le lira, et que, par quelque signe d'intelligence dont nous n'avons pas à nous occuper, elle y répondra dans le cours de la journée. Sa réponse est prévue, elle acceptera ; elle se trouvera donc cette nuit au rendez-vous que lui donne celui qui a écrit ce billet. Nous y serons aussi, vous, Mme Kanali et moi. Le dénoûment de cette intrigue obscure, mais qui n'est pas impénétrable, éclatera aussitôt. Il y aura un dénoûment pour tout le monde : pour vous, pour votre femme, pour Mlle Marthe et pour celui dont les prétentions sur le cœur fasciné et la volonté dominée de votre fille nous sont devenues une persécution que partage Mme Kanali et qu'elle augmente chaque jour, chaque instant, des terreurs personnelles de ses croyances. Soyez donc prêt cette nuit. L'heure accoutumée dont parle César Caseneuve est minuit et demi environ. J'irai vous chercher un quart d'heure plus tôt. Dans la journée vous préviendrez de votre côté Mme Kanali, et, réunis ensuite tous les trois, nous descendrons en silence au jardin. Le reste appartient aux événements.

Après ces derniers arrangements, le docteur alla exécuter ce dont nous étions convenus : replacer le billet où il l'avait pris et mettre sa femme dans le secret de l'embuscade tendue aux deux jeunes gens.

Je dus beaucoup réfléchir après son départ.

J'attirais sur moi une grande responsabilité en prenant l'engagement de faire la clarté et le repos dans cette famille tourmentée par tant de passions diverses. Mais elle m'intéressait au plus haut point et j'étais dans la plus sincère conviction que dans cette affaire, ainsi que dans toutes celles où les hommes perdent la tête, il fallait plus de bon sens, plus de réflexion suivie que d'efforts pour conjurer le malheur. Il ne faut pas un continent aux pieds de ceux qui se noient; beaucoup moins suffit; c'est même très-souvent sur un débris de naufrage qu'on se tire du naufrage. Ce débris du naufrage était pour moi César Caseneuve ; il était destiné dans ma pensée à porter le rameau d'olivier dans la maison. Mais où était César Caseneuve ? Viendrait-il, ainsi qu'il l'avait promis ? La ruse qu'il employait pour pénétrer dans la maison, et que je croyais avoir enfin découverte, et qui était la pierre angulaire de toutes mes espérances, ne serait-elle pas déjouée précisément le jour où il importait à la réussite de mes calculs qu'elle parvînt au grand résultat pour lequel elle avait été imaginée ? Admettons que cette ruse ne fût pas contrariée, vaincue par la mauvaise chance, que César entrât dans la maison, ainsi qu'il se le promettait ; était-ce là tout ? Quel autre moyen avais-je ensuite de le faire accepter comme un gendre par un père et une mère montés contre lui, s'animant l'un par l'autre, au comble de l'irritation ? Les événements qui vont suivre, et dont nous ne sommes séparés que par quelques heures, diront si mon moyen était bon et si l'ouverture prophétique faite à mon cerveau par le choc de l'involontaire parole échappée au docteur Kanali était ou non une hallucination.

Les circonstances se présentèrent dans les meilleures conditions imaginables, comme je les aurais prévues et comme je les aurais arrangées moi-même si j'avais été l'ordre invisible de ce monde.

Nous laissâmes Marthe faire respirer du chloroforme à sa mère, qui, prévenue de l'incident, eut soin de ne pas respirer pendant que le flacon était posé sous ses narines, et nous laissâmes ensuite la jeune fille descendre en toute confiance au jardin, deux faits bien caractéristiques qui ne nous permirent pas de douter qu'elle eût pris et lu la lettre piquée dans la paille de sa chaise. A notre tour nous descendîmes au jardin, et nous pûmes, la lune n'éclairant plus les dernières nuits du moins vers sa fin, gagner sans être vus, sans être soupçonnés, l'endroit fort touffu d'arbustes où se passerait la dernière entrevue des deux amants, et d'où ils avaient projeté de s'éloigner pour toujours.

Je tins, après réflexion, à faire connaître à M. Kanali et à sa femme le motif très-fondé en raison que j'avais à les réunir. Il ne me convenait pas de jouer au mystère avec eux.

— Votre fille, leur dis-je, est là; dans quelques instants César Caseneuve qu'elle attend sera avec elle, et si cette fois je ne me suis pas trompé dans le moyen, selon moi, qu'il a imaginé pour s'introduire, il nous sera facile, quelle que soit son habileté à s'éclipser et sa légèreté à s'enfuir, de nous emparer de lui. Ce moyen que je lui prête, et dont je ne veux pas faire un plus long secret, est celui-ci : César, pour se glisser dans cette maison, doit infailliblement prendre la place du charretier qui conduit ici chaque nuit la tapissière. Il n'y avait plus que cela, ajoutai-je, à supposer, et je le suppose. Oui, sous la blouse de ce charretier de la nuit dont il achète, j'ignore à quel prix, la fonction pour quelques heures, il revêt le costume de garde mobile que nous lui avons vu. Une fois entré, il plie cette blouse, il la jette sur son bras en guise de manteau, et, après son entrevue avec votre fille, il la remet et va reprendre sa place à la tête des chevaux. Cherchez l'officier, il a disparu. C'est là le jeu habile qu'il a joué chaque fois qu'il est entré ici par fraude, et c'est à l'aide de ce rapide travestissement qu'il nous est échappé. Il ne nous échappera pas ce soir ; mais soyons prudents. Laissons-lui accomplir la moitié de sa transformation ; laissons-lui quitter sa blouse de charretier, puis laissons-le venir jusqu'ici, où nous sommes, sous son costume d'officier de garde mobile, et lorsqu'il sera sur le point de se retirer avec votre fille, de sortir de cette maison, par un moyen, par exemple, que je ne soupçonne pas, emparez-vous de lui alors. Et tout sera dit.

Quand j'eus parlé, le docteur me regarda avec l'étonnement phénoménal que j'avais eu moi-même quand la pensée du moyen créé par Caseneuve pour se glisser furtivement chez nous m'était venue. Il s'étonna avec d'autant plus de raison qu'il connaissait mieux que personne les peurs incommensurables du jeune homme à cet endroit. Quel amour ! quelle passion ! quelle folie de passion et d'amour n'éprouvait-il donc pas pour sa fille Marthe, puisque, malgré cette frayeur sans bornes comme l'infini, il se faisait lui-même, lui, l'effroi en personne, lui l'épouvante faite homme, conducteur d'ombres et ramasseur de fantômes, pour parvenir à s'approcher d'elle !

— La lutte, avec une telle peur, est presque, ma foi ! du courage, murmura le docteur.

Mme Kanali ne disait rien ; elle attendait des événements le dernier mot de cette légende du moyen âge ; pour elle, Caseneuve restait ce qu'elle avait dit : un vampire.

Le premier quart de minuit sonna à Saint-Laurent, et nous imitâmes, le docteur et moi, à cet avertissement qui nous annonçait que la crise approchait, l'immobilité granitique de cette femme si originale avec ses sombres et lointaines superstitions.

Peu d'instants après les dernières vibrations, nous entendîmes ouvrir la grille de la maison, et sur ce bruit passer un autre bruit : celui des roues de la tapissière roulant sous la voûte.

Au bout de quelques minutes, des pas firent frémir le sable de l'allée où se trouvait Marthe.

— Quelle que soit votre impatience, dis-je bien bas au docteur et à sa femme, contenez-vous. Écoutez et ne bougez pas. Qu'il vous suffise maintenant d'être sûrs qu'il ne saurait vous échapper, si c'est lui que nous entendons venir.

C'était lui.

Il avait le costume des nuits précédentes, son costume d'officier.

Après avoir remercié Marthe d'être venue à un rendez-vous qui n'allait ressembler à aucun autre, il lui dit :

— Ma chère Marthe, nous avons dix minutes à rester ensemble ; écoutez-moi solennellement, car c'est solennel ce que je vais vous dire.

— Je vous écoute, répondit Marthe, un peu surprise de cette autorité dans la parole de César, plus amoureux que grave dans ses propos jusqu'alors.

— Je vous ai déjà prévenue, reprit-il, que vous ne pourriez sortir d'ici qu'en acceptant le moyen que j'ai pris moi-même pour venir.

— Ne vous ai-je pas déjà dit, de mon côté, que je consentais à tout pour vous suivre ? Pourquoi revenir ?...

— Oui, vous me l'avez dit, et c'est très-bien.

— Ce n'est ni bien ni mal, mon ami, cela est parce que je vous aime, reprit Marthe, dont la voix, moins assise qu'aux précédentes rencontres sans être moins tendre, apportait à celle-ci une émotion venue à coup sûr de l'influence toute récente exercée sur elle par sa mère. Les traces de l'entretien de Mme Kanali fumaient encore ; cet entretien où elle avait forcé, on s'en souvient, sa fille à se laisser presque convaincre par elle que César appartenait à la famille effroyable des êtres rejetés à la fois du sein de la création et de celui du néant. Puisant toute son énergie dans les meilleurs sentiments du cœur, si Marthe continuait à aimer Caseneuve malgré les paroles de sa mère, elle ne pouvait cependant passer tout à fait par-dessus les paroles de sa mère. Il n'y a pas deux manières, à son âge, d'accueillir les impressions du monde extérieur. Elle croyait à César parce qu'elle l'aimait, elle croyait à sa mère parce qu'elle l'aimait. Mais cette hésitation dans sa voix fut pour beaucoup dans la phrase pareillement hésitante qui échappa à César et qu'il eût peut-être retenue les jours précédents ; mieux encore, qu'il n'eût pas songé à prononcer.

— Eh bien ! reprit-il après la protestation tout empreinte de dévouement de Marthe, prête à accompagner Caseneuve, eh bien ! je doute encore, pourtant.

— De quoi doutez-vous? demanda-t-elle.

— Que vous ayez la force de remplir vos engagements.

— Je vous ai dit pourtant que j'aurai la force de vous suivre partout où il vous plaira de m'emmener.

— Partout?

— Partout, répéta Marthe.

— Même dans la tombe?

Cette expression outrée du vocabulaire usé, mais toujours nouveau des amants, n'eût été pour Marthe qu'une image au delà de laquelle elle serait allée chercher la vraie pensée de César, en toute autre occasion. Mais dans celle-ci, se souvenant de la sortie de sa mère contre lui, elle fut, malgré la fermeté naturelle de son organisation, saisie au cœur d'une frayeur involontaire, subite, nerveuse ; elle vit dans César ce que cette frayeur lui fit voir, un autre être, une autre créature ; sa blancheur lui parut mate et tournant à l'immobilité du marbre, ses yeux, frappés d'une fixité surnaturelle, ses mains, qui retenaient les siennes, aussi froides que celles que sa mère prêtait aux vampires.

— Oh! ce n'est pas précisément dans la tombe que je veux vous entraîner, reprit Caseneuve en souriant, mais cela y ressemble fort.

A cette réponse de César, qui venait comme affirmer sa nature et ses intentions aux yeux de Mme Kanali, celle-ci fit un mouvement qui fut un bond pour se précipiter sur lui dans l'autre allée ; je la retins, et j'étouffai en même temps un cri sur ses lèvres avec ma main qui devança l'explosion.

Caseneuve poursuivit :

— Si vous saviez, Marthe, si vous soupçonniez seulement par quel moyen je suis venu.

— Dites-le-moi, il est temps, répliqua Marthe d'une voix brève et suffoquée.

Il y avait en ce moment dans l'air qui nous enveloppait tous, acteurs et témoins de cette scène, un fluide particulier d'exaltation qui nous tendait et nous tordait les nerfs jusqu'à les rompre. Nous étions comme les mineurs dans l'attente avide de l'embrasement et du déchirement d'une mine bourrée jusqu'à la gueule.

— Oui, il est temps, chère Marthe, continua Caseneuve, de vous dire par quel moyen je suis venu et par conséquent par quel moyen nous nous en irons.

Nous écoutâmes.

Caseneuve dit alors les étranges choses qu'on va lire.

XVII

César Caseneuve dit alors :

— Après avoir été chassé d'ici comme faux malade, je ne savais plus comment je m'introduirais de nouveau. Désespéré, fou de découragement, je rôdais sans cesse autour de cette maison, passant et repassant le jour, la nuit, devant la porte.

L'autre soir, à minuit, tandis que je stationnais près de la grille, je vis entrer la fatale voiture que vous connaissez... la sinistre tapissière, et aussitôt l'idée — comment ne m'était-elle pas venue plus tôt ? — l'idée me vint de chercher à me faufiler en me glissant tout doucement derrière elle. Je crus l'idée triomphante. Immédiatement je passai à l'exécution ; me voilà marchant à pas de loup à la suite des deux hommes qui suivaient la voiture, mon ombre cachée et ramassée sous leur ombre. Je n'allai pas loin. A peine sous la voûte, je fus vu, signalé, repoussé, expulsé par je ne sais plus qui, et la grille se ferma devant moi avec ses grincements ironiques et tous ses barreaux de fer : je fus rejeté dans la rue. C'est alors pourtant, et lorsque tout semblait bien fini pour moi, que j'ai conçu le projet que je vais vous dire et dont la hardiesse vous trouvera d'abord fort incrédule sans doute; mais, en fin de compte, vous serez forcée d'y croire.

— Ce projet, pensai-je, — c'est Morel qui parle, — est bien celui que je lui ai prêté ; ce qu'il vient de dire me confirme dans mon opinion. Oui, cette idée se présentant à lui dans la rue... cette voiture... cette grille... Allons, mes prévisions étaient justes... il a pris pour entrer ici le costume et la place du charretier de la tapissière.

— Et d'abord, reprit César, d'abord, pour qu'on ne s'occupât plus de moi, je me suis fait passer pour mort; rien de plus facile en ce moment : je suis allé moi-même à ma mairie, où il est vrai que je ne suis pas connu du tout, me faire inscrire sur la liste des décédés. Puis, pour mieux dépayser les recherches, quoique personne n'ait un grand intérêt à en faire sur moi, j'ai endossé un habit d'officier de garde mobile que m'a prêté un ami à côté duquel je me suis battu contre les insurgés l'année dernière sur la place du Panthéon et à la barrière d'Italie. A la faveur de cet uniforme, toujours respecté, j'ai pu circuler aux alentours du Val-de-Grâce, où vous allez voir combien il m'importait d'être, et il m'a été aisé d'entrer partout dans les cours, absolument comme un officier du poste voisin, chargé de maintenir l'ordre dans le quartier. Une fois ceci fait, — malheureusement ce n'était pas là le point le plus difficile, — j'ai pensé à réaliser le projet en question, l'idée qui m'était montée toute flamboyante au cerveau, comme une inspiration, devant la grille même de la maison de santé. Il est temps de vous la dire.

Paris a un service organisé de voitures spéciales qui partent, de dix à onze heures du soir, de divers endroits des barrières pour venir alléger les hospices de la capitale trop pleins d'une certaine population, celle qui a réglé définitivement ses comptes avec la vie.

Mon temps de service au Val-de-Grâce m'a appris dans tous ses détails l'itinéraire suivi la nuit par ces voitures nécrologiques. Je sais, par exemple, que celle qui dessert entre autres établissements la maison de santé du faubourg Saint-Denis part de Bicêtre à dix heures et va d'abord au Val-de-Grâce opérer son premier chargement. C'est celle-là que j'ai attendue pour la première fois il y a huit jours. Je la vis arriver avec précaution de la barrière Saint-Jacques. Elle franchit la grille du Val-de-Grâce et s'arrêta au perron dans la cour intérieure. C'est à ce moment que j'avais espéré voir, ainsi que d'habitude, le charretier et ses deux hommes chargés de marcher derrière la voiture, en guise d'escorte, entrer dans le Val et me laisser la place libre pendant quelques minutes. Mon attente fut déçue : les trois hommes, au lieu de rentrer comme de coutume dans le monument pour aider leurs camarades dans leur besogne, restèrent dehors ; deux en sentinelle derrière la voiture, à l'ouverture même de l'espèce de porte à deux battants par où l'on introduit horizontalement les voyageurs fantômes, et que les deux gardiens ferment ensuite à l'aide d'une forte traverse en fer; l'autre, le charretier, s'était placé à la tête de ses chevaux, et ne bougeait pas.

Ce changement m'étonna autant qu'il me contrariait. Je ne pus m'empêcher de demander au charretier pourquoi il en était ainsi. Il me répondit que, la soirée précédente, les chevaux, abandonnés à eux-mêmes, s'étaient imaginé de sortir de la cour, de remonter tranquillement le faubourg et de gagner la campagne par la barrière Saint-Jacques, pour ne s'arrêter que chez eux, au village d'Ivry, où ils n'avaient pas produit une bien agréable surprise en tombant avec leur attelage caractéristique au milieu de la fête du pays. Telle fut l'explication que je reçus du charretier, et qui ne modifia en rien ma situation. Mes espérances coulaient à fond comme un homme qui aurait un morceau de plomb attaché aux pieds en tombant à la mer.

Ces paroles de César ne cadraient plus avec mes premières suppositions. Il ne s'agissait pas de costume emprunté au charretier... de sa place que lui, César, aurait prise... Quel était donc le projet qu'il poursuivait?... Quel était donc celui qu'il avait mis à exécution?... Comment s'était-il introduit?

— Son chargement opéré, continua César, la longue voiture s'éloigna du Val-de-Grâce pour aller le compléter sur d'autres points. La voilà de nouveau en route. Elle descend le faubourg Saint-Jacques, toujours avec le moins de bruit possible, afin de ne pas révéler son passage aux habitants, l'oreille tendue, tenus en éveil par les craintes les mieux fondées pour eux-mêmes ou pour leur famille. Et moi, je la suis machinalement et sans but; sans but, car mon projet me paraissait manqué du moment où les trois hommes ne devaient plus quitter leur poste de surveillance autour de leur dépôt.

Je savais que la longue voiture suivait ce chemin pour se rendre à l'Hôtel-Dieu, où s'effectuerait son second chargement. Nous voilà tout à coup surpris, au coin de la rue Soufflot, juste en face le Panthéon, par des chants patriotiques qu'entonnaient des voix féroces, des socialistes attardés et très-avinés, qui sortaient comme une tempête du fameux club de la rue des Grès. Ils chantaient à tue-tête : *Mourir pour la patrie!* Ils fondirent sur nous, toujours en chantant; mais, tandis qu'ils arrivaient par la rue des Grès, d'autres socialistes, qui leur répondaient par ces acclamations : *Vive la République démocratique et sociale!* venaient sur nous par derrière, du côté de la rue Saint-Hyacinthe. Les uns et les autres furent arrêtés, — de même que deux torrents qui trouveraient un roc sur leur passage, — par l'obstacle de la tapissière. Dès qu'ils en eurent reconnu l'émouvante destination, tous, comme comprimés par l'effet d'un ressort, se turent et nous ouvrirent un chemin : nous passâmes à travers ce fourmillement sombre, murmurant, clapotant, bruyamment silencieux. De ma vie, je n'ai éprouvé de contraste aussi immédiat. Ils s'écoulèrent par vagues noires dans l'ombre, et nous continuâmes à descendre le vieux faubourg parisien.

Arrivé au quai Saint-Michel, l'équipage que je suivais, toujours en rasant les murs tortueux, prit le Petit-Pont et s'engagea dans la rue Neuve-Notre-Dame, qui mène, comme vous savez, devant l'Hôtel-Dieu, sur la place même du Parvis. Là, j'hésitai si je regagnerais mon hôtel du passage Dauphine, où je demeurais depuis mon renvoi du Val-de-Grâce, ou si je traverserais les ponts pour aller encore m'épuiser en moyens impuissants dans le but illusoire de pénétrer dans la maison de santé. Pourtant, je ne m'éloignais toujours pas au milieu de ces indécisions, et en cela j'agis très-judicieusement sans le savoir ; car je vis bientôt le charretier dire quelques mots à l'oreille des deux hommes d'escorte placés derrière la voiture.

Ces quelques paroles dites, ils s'acheminèrent vers la boutique du marchand de vin de la rue des Trois-Canettes, où ils entrèrent tous les trois. Je me trompe, le troisième n'entra qu'à demi : c'était le charretier. Debout sur la porte, il se plaça en vedette, et son attention se partagea entre son devoir et son plaisir. Il avait un œil sur le comptoir, l'autre sur la tapissière, afin d'être parfaitement sûr que ses chevaux se comporteraient bien, qu'ils ne s'en iraient plus à la fête patronale d'Ivry ou à toute autre fête. Cette maudite surveillance, si louable au fond, rendait mon projet aussi inexécutable sur la place du Parvis que dans la cour du Val-de-Grâce. Je recommençais à me désespérer. Comment détourner cet œil importun?

Vint à passer une jeune fille qui sortait de la hideuse rue des Trois-Canettes avec une guitare enrhumée et fêlée sous le bras. Elle venait d'enchanter des sons ravissants de sa lyre les coupe-jarrets des cabarets des environs. Je l'appelle, elle vient; je lui dis d'aller se placer devant la boutique du marchand de vin, et là de chanter de sa plus belle voix ses plus belles romances. « Chante-les avec transport, lui dis-je, et de façon à amasser les passants. — Je n'en sais qu'une, me répondit-elle, mais je la sais, par exemple, dans la dernière perfection, c'est : *Jeune fille aux yeux noirs*. — Trente sous pour toi, va leur chanter celle-là. »

La jeune Sapho des Trois-Canettes accepte et court remplir les conditions de notre rapide marché. Elle chante, elle gratte ses cordes, elle s'inspire de l'argent que je lui ai donné, et les groupes se rassemblent. Déjà mon charretier me paraît distrait. La distraction tourne au ravissement ; son œil redoutable ne regarde plus ses chevaux ; il s'abaisse mélancolique sur la jeune chanteuse à qui je vois qu'il remet quelque chose, sans doute l'obole de l'admiration : Polyphème est vaincu. Je profite du beau moment de générosité qui l'absorbe, et je me glisse dans la vaste tapissière, dont les deux battants sont, comme d'ordinaire, restés entr'ouverts pour les besoins du service.

— Vous entrez dans la tapissière ! s'écria Marthe ; vous vous enfermez avec les morts !

Je poussai le même cri au dedans de moi en apprenant, avec un ébahissement qui me pétrifia sur place, cet acte de témérité redoutable, d'imprudence inouïe, de passion sans exemple, un acte dont la folie serait peut-être capable, dans un accès, dans une violente crise, ou qu'un vampire seul, il faut en convenir, serait assez fort pour accomplir jusqu'au bout.

Qu'on juge si, en écoutant César, l'idée toujours présente de vampire traversa le cerveau fanatisé de Mme Kanali, si le mot *vampire* courut sur ses lèvres agitées, si j'eus encore à la supplier toute frémissante, à la contraindre pour qu'elle ne se trahît pas.

César continua :

— A peine étais-je dans ce cercueil mouvant, dans ce caveau ballant, convulsif, mal suspendu, qu'il me prend un tremblement nerveux, comme si j'étais tombé dans un puits d'eau glacée. Mes cheveux ont froid et se hérissent, ma poitrine a froid et se contracte ; je me révolte cependant, je veux lutter : combat violent, lutte acharnée alors, désespérée, entre la terreur qui m'oppresse de plus en plus, qui me fait croiser les dents et me pousse dehors, et mon amour pour vous, Marthe, mon amour qui me fait honte de ma peur, qui me courbe à ma place et m'y retient. J'ignore encore en ce moment, je l'avoue, si c'est mon amour qui l'eût définitivement emporté sur ma peur, ou ma peur sur mon amour ; mais lorsque j'allais peut-être m'élancer, éperdu, hors du sinistre chariot, n'en pouvant plus d'égarement, j'entends qu'on ouvre la porte du fond. Je n'eus que le temps de me rejeter en arrière et d'imiter, en me couchant à plat, l'immobilité rigide des corps qui formaient par leur superposition une espèce de mur du côté opposé à celui qu'on venait d'ouvrir. Par cette baie, je vis introduire à plusieurs reprises des objets semblables à ceux dont je viens de vous parler. La force d'impulsion qui les poussait du dehors au dedans les fit se ranger contre moi, qui n'osais pas les écarter de peur de me trahir, et qui redoutais leur contact, de peur de mourir sur le coup. Cette opération achevée, les portes se refermèrent, la barre de fer boucla l'entrée et la voiture se remit en marche et roula vers la Grève par le pont Notre-Dame.

De la Grève elle entra dans la rue Saint-Antoine, mais sans bruit, modérant ses tours de roue sur le pavé : je vous en ai dit plus loin la raison. C'était pour ne pas effrayer les maisons placées sur son parcours. Vous figurez-vous ma situation, chère Marthe? J'étais dans une complète obscurité et ne pouvant que très-difficilement me mouvoir au milieu de ces masses inertes et mal arrimées. J'entendais les battements de mon cœur comme on entend la nuit le va-et-vient du balancier d'une pendule. Situation navrante, étouffante. Voulant à tout prix y voir, respirer, vivre, je m'avisai, à l'aide d'un couteau que j'avais heureusement sur moi, de pratiquer un trou dans l'épaisseur du reste fort mince de la voiture. La besogne n'eût été ni longue ni difficile si je n'eusse été gêné dans mes mouvements. Cependant, au bout de quelques minutes, l'ouverture fut percée, et je distinguai alors le clignotement rougeâtre des lumières semées çà et là au niveau des boutiques encore ouvertes devant lesquelles nous passions, et les passants qui nous fuyaient avec des répugnances significatives à mesure qu'ils reconnaissaient le caractère particulier de notre équipage.

Vers le milieu de la rue Saint-Antoine, à l'angle de la rue Percée, il s'arrêta, et je me demandai par quel motif, sachant que nous étions encore à une assez grande distance de l'hôpital Saint-Antoine, où probablement notre prochaine station aurait lieu. Voici quel était le motif, ou, pour mieux dire, le prétexte de cette halte qui venait si cruellement prolonger mon intolérable séquestration. Je vis le charretier confier la garde de ses chevaux à l'un de ses deux compagnons, et s'éloigner d'un petit air léger et suffisant. Il avança quelques pas dans la rue Percée et alla frapper à la vitre d'une boutique qu'à sa façade grisâtre je distinguai devoir être celle d'une blanchisseuse de fin. Une jeune fille, alerte et riante, se montra sur le seuil de la porte, en canezou blanc, plissé à mille plis aux manches et aux basques, taille fine de marquise du XVIIIe siècle, front intelligent, visage ovale, ciselé, chiffonné par Coustou.

Le muletier entra sans façon, et la porte resta entr'ouverte, ce qui me permit de voir de mon étrange observatoire qu'il s'agissait d'une entrevue amoureuse, pas moins. Que le moment était bien choisi ! Dès qu'ils furent dans la boutique, le galant sortit de dessous sa blouse, avec un mouvement de bras tout à fait Céladon, un gros bouquet de campagne et l'offrit à sa dame. Cet hommage parut obtenir les meilleurs suffrages de celle à qui il s'adressait. La jolie blanchisseuse approcha le bouquet de ses lèvres et le pressa longtemps en fermant ses jolis yeux à demi, signe voluptueux de reconnaissance. J'étais donc résolûment témoin d'un épisode amoureux : Caron quittait sa barque pour en conter aux blanchisseuses du Styx. Charmant! oui, mais moi, j'étais dans la barque, moi, j'attendais, j'attendais toujours; quelle attente! Je maudissais du fond de l'âme ces amours intempestives. Au fond, en avais-je bien le droit? N'est-ce pas l'amour aussi qui m'avait conduit où j'étais? Et n'est-ce pas grâce au charretier qui était là que j'allais vous voir, Marthe, dans quelques instants? N'importe! le drôle m'irritait. Si j'avais osé, je lui aurais crié par le trou de ma lucarne et de manière à mettre un terme redoutable à ses tendresses : « Eh bien! quand partons-nous? » Je n'en fis rien; d'abord parce que je n'avais plus ni courage, ni idée, ni voix; ensuite parce que toute ma puissance de vitalité s'était concentrée dans le regard que je dirigeais sur lui comme pour l'arracher à sa blanchisseuse. Mon magnétisme n'opéra pas. Le misérable muletier s'assit, fit asseoir son amante près de lui; une fois assis tous les deux, il tira du fond de son chapeau de feutre une espèce de papier froissé et d'une teinte bleue : passant ensuite son bras autour du cou de son enchanteresse, il se mit à parcourir avec elle sa feuille de papier. Qu'était-ce donc?... Je ne devinais pas... Ah ! j'allais le savoir... deux voix chantèrent... c'était la romance fredonnée sur le parvis Notre-Dame, devant la boutique du marchand de vin, par la petite musicienne ou bohémienne de la rue des Trois-Canettes : *Jeune fille aux yeux noirs.* Tous les couplets y passèrent; il n'est pas un mot de cette abominable romance qui ne soit entré dans le plus vif de mes chairs comme un clou rougi au feu.

Enfin cette scène de sentiment eut un terme : le Lovelace funèbre qui s'appelait Fromentin, ce que je sus par l'adieu bien tendre que lui adressa la blanchisseuse du haut de sa porte : *adieu, mon Fromentin!* le Lovelace funèbre, dis-je, rallia ses deux camarades, et, pour les indemniser de l'ennui d'une halte qui n'avait pas eu pour eux les mêmes charmes que pour lui, il les mena chez le marchand de vin placé à l'autre coin de la rue Percée. Toujours le marchand de vin ! Je n'aurais pas pu être témoin de ce régal dans la position tortueuse que j'occupais, si le beau Fromentin n'eût fait tourner la tête de ses chevaux du côté de la place de la Bastille, au lieu de les laisser immobiles comme ils l'étaient dans la rue Percée depuis une grande demi-heure.

Grand Dieu ! comme ils mirent à profit tous les trois le temps de cette infernale station qui allait ajouter dix minutes de supplice, de feu, de chevalet, de tenailles, à tous les supplices que j'avais déjà endurés. Ce qu'ils burent pendant ces dix minutes, ce qu'ils engloutirent est incalculable. Et si ce n'eût été que du vin encore ! mais je vis se panacher leurs verres de toutes les nuances de l'arc-en-ciel : la couleur jaune pourtant revenait le plus souvent. J'en conclus que l'eau-de-vie de Cognac jouait un rôle royal dans la partie.

Enfin, ils burent prodigieusement. Ils burent trop, car, lorsque nous nous mîmes en route pour la Bastille, afin de pénétrer dans le faubourg Saint-Antoine, ils allaient à droite et à gauche, de côté et d'autre, comme agités et secoués par les vagues. La voiture, qui ne suivait plus, abandonnée à elle-même, le bon côté de la rue, éprouvait aussi ce roulis effrayant, et toute la cargaison humaine dévalait sur moi. Mes deux bras ne suffisaient pas à me garer de l'avalanche. Comment tous mes cheveux n'ont-ils pas blanchi? Je dis tous, car le lendemain ils avaient blanchi aux tempes, et pour longtemps, et pour toujours. Vous verrez cela, Marthe.

Cependant, à force d'aller à droite et à gauche et un peu en avant, nous parvînmes à aborder la place de la Bastille. Là, les deux hommes représentant l'arrière-garde se rapprochèrent de Fromentin et lui dirent, sans crainte d'être entendus sur cette vaste étendue de terrain où les passants devenaient moins nombreux, et où, pour des raisons déjà déduites, il y avait peu à appréhender leur contact indiscret : « Fromentin, il y aurait un superbe coup à faire si tu voulais, et ça nous donnerait du bon temps pour tout le reste de la nuit. — Quel coup superbe? où est ce coup superbe ? — Ne crie donc pas ! — Comme si quelqu'un serait susceptible de nous entendre dans ce panier !... — C'est égal... parlons plus bas... — Je parlerai plus bas, voyons vite ce coup ! » Les trois hommes se pelotonnèrent à la droite des brancards et presque bord à bord avec les planches qui me séparaient d'eux.

« Voici ce coup. Eh bien, au lieu de nous

tuer le tempérament pour aller jusqu'à l'hospice Saint-Antoine, puis de là aller à Saint-Louis, puis de là à la maison du faubourg, puis de là... est-ce que je sais encore !... n'allons nulle part ! — Et comment ça, interrompit Fromentin, comment ça ?... — Enfilons le canal Saint-Martin que voilà devant nous, et rapprochons-nous de la berge. Nous cassons la chaîne, et c'est rien du tout que ça, et nous fichons ensuite toute la marchandise, patatra ! dans l'eau ; bonsoir la compagnie ! Demain nous dirons que nous nous étions endormis, que le cabriolet a versé... Ça te va-t-il, Fromentin ? » demanda Choffar. Choffar est le nom de l'homme qui achevait de parler.

Continuez à vous représenter, chère Marthe, ma nouvelle situation. Déjà les chevaux, évitant l'entrée du faubourg Saint-Antoine, prenaient la route descendante du canal Saint-Martin du côté de la rue de Charonne.

Toute la cargaison allait être précipitée dans le canal et moi avec la cargaison.

XVIII

— Le charretier avait donc consenti? demanda Marthe.

— Il vous semble peut-être que rien n'était plus aisé, poursuivit César, que de crier, de sortir, de s'échapper... D'abord, je ne pouvais pas sortir : la barre de fer retenait les deux battants de la porte. Crier?... il était onze heures et demie... personne ne serait venu à mon aide ; et, après tous ces cris et tous ces mouvements, si je n'avais pas réussi à me tirer d'affaire, et je n'aurais pas réussi, qu'arrivait-il? que je me trouvais en présence de trois vigoureux drôles qui m'eussent fait sur-le-champ un mauvais parti. Ils étaient ivres... un mort de plus ou de moins ne leur coûtait guère. J'avais donc raison de réfléchir profondément sur la désastreuse originalité de ma situation. Le chariot descendait toujours cahin-caha vers le canal. Ce ne fut qu'à la hauteur de la rue du Chemin-Vert que Fromentin parut hésiter, pour sa part, à mettre à exécution l'abominable projet de la noyade en masse. L'amour l'avait-il rendu, ce soir-là, meilleur que ses complices ? Je ne sais... mais je vis, à travers les brumes de son ivresse, un calcul de prudence se faire jour. Redoutant de choquer l'opinion de ses camarades, deux musculeux garçons qui se fussent très-bien passés de son assentiment au besoin, il leur dit que leur projet lui souriait énormément, qu'il l'adoptait, mais qu'il était encore de trop bonne heure pour l'accomplir sans de grands dangers. Pas mal de gens sortant du spectacle traversaient encore les ponts pour rentrer chez eux, pour gagner qui les barrières, qui les quartiers de la Roquette et de Ménilmontant. Mieux valait, continua-t-il, aller d'abord tout droit à l'hospice Saint-Antoine, y faire tous les chargements d'habitude, puis reprendre le canal comme pour se rendre à l'hôpital Saint-Louis, une de leurs dernières destinations, et où, bien entendu, on n'irait pas. Voilà ce que dit Fromentin dans son demi-bon sens. Il y eut bien quelques résistances à sa proposition ; cependant la crainte mise par lui en avant ayant son poids, on suivit la rue du Chemin-Vert, et, par la rue de Popincourt, on tira droit vers le faubourg Saint-Antoine, afin de tomber juste devant l'hospice.

Après bien des secousses et des tangages dans les ornières atroces de l'atroce rue Popincourt, la plus accidentée des mauvaises rues de Paris, espèce de route communale, c'est assez dire combien elle est peu souvent réparée, nous touchâmes au faubourg Saint-Antoine. L'homme, le concierge, qui vint ouvrir la grille de l'hospice, s'étonna et se plaignit du retard de la voiture. On eut soin de lui taire la cause de ce retard, mais il la devina aisément à l'allure inégale et à l'atmosphère ambiante, fortement alcoolisée, des trois hommes. En poussant les deux côtés de la grille derrière eux, il grommela : « Il paraît qu'on a fait la noce ce soir. » Ils ne répondirent pas, et le suivirent dans les salles basses.

Pour aller plus vite en besogne, à leur retour, ils avaient enlevé, avant de s'éloigner de la tapissière, la traverse de fer fermant les deux battants de la porte, en sorte que cette porte était ouverte et que rien ne m'empêchait plus de m'échapper. La facilité était d'autant plus grande que les abominables soubresauts de la rue Popincourt avaient bouleversé tout le contenant de la voiture au point d'y ouvrir des brèches assez grandes pour y passer en se traînant un peu sur les genoux et sur les mains.

Il dépendait donc de moi de m'échapper, de mettre un terme aux tortures sans nom, et il est permis de le dire cette fois avec moins de banalité, oui, sans nom, d'une nuit épouvantable parmi les plus épouvantables, de m'épargner surtout la chance presque infaillible de mourir, noyé au fond du bourbeux canal Saint-Martin; je pouvais cela sans doute, mais céder à cette idée, c'était renoncer pour toujours à pénétrer dans la maison de santé, à vous revoir, ma chère Marthe, vous, prévenue de mon arrivée. Vous m'attendiez, et peut-être au prix de bien grandes difficultés; car à l'aide de la chouette vous ne ne m'aviez pas laissé ignorer les sentiments réunis et coalisés de haine et de colère avec lesquels votre père et votre mère avaient revu mon infatigable obstination à revenir à

vous, malgré leur réprobation et leur défense.
Vous vous exposiez à ces dangers, et moi, moi
je reculais devant le péril, un péril quel qu'il
fût ! Oh ! non, mille fois non ! Et puis, je l'ai
éprouvé, voyez-vous, Marthe, continua le
jeune interne, il y a une fatalité dans la passion. Ce n'est plus vous qui agissez quand
elle est vraie, quand elle est forte ; c'est elle
qui vous mène. Elle triomphe de tout, de la
volonté personnelle, et de celle d'autrui, de
la raison, de l'intérêt, de l'honneur, souvent
de la peur même : oui, de la peur. J'en suis
la preuve et l'exemple.

Vous dire les noirs effrois, les palpitations
mortelles, les épouvantements, les horripilations, les défaillances surhumaines que j'ai
traversées pendant cette expédition nocturne,
sans seconde, je crois, dans la vie des hommes, est chose impossible. Je ne l'entreprendrai pas. Pour me soutenir, pour ne pas expirer
sur place, je n'avais qu'un moyen, c'était de
penser constamment à vous, Marthe, de prononcer constamment votre nom, Marthe ; de
me dire : encore une douleur et je serai près
de Marthe ! Voilà l'œuvre de l'amour. Lui
seul, je le répète, lui seul, et peut-être avec

lui l'amour maternel, est capable d'enfanter ce beau, ce rare et énergique miracle de la volonté sur la peur.

Ma volonté l'emporta donc sur mes tremblements nerveux : je restai.

Les mêmes reproches qui avaient accueilli les trois hommes, mes compagnons, pendant le cours de cette nuit si mémorable pour moi, les escortèrent quand ils furent sur le point, l'opération du chargement finie, de se mettre de nouveau en route. Un des administrateurs de l'hospice s'était même joint au concierge de la grille, et les menaçait de destitution s'ils s'avisaient une autre fois d'être si en retard avec leur service.

Ils partirent.

J'attribuai à ces sévères paroles de l'administrateur l'abandon de leur projet de descendre vers le canal Saint-Martin, où ils avaient combiné de se défaire du dépôt qui leur était confié. Cette salutaire terreur contribua si bien chez eux à cette résolution, à laquelle je dois la vie, qu'ils évitèrent de prendre pour se rendre à l'hôpital Saint-Louis le chemin qu'ils avaient suivi en venant, afin, cela était visible, de ne pas s'exposer à changer d'avis en présence de la grande tentation de l'eau. Attaquant le chemin le plus long, ils grimpèrent le faubourg Saint-Antoine jusqu'à la hauteur de la rue Saint-Maur qui devait les conduire à Saint-Louis sans déviation, car la rue Saint-Maur, la plus désespérément longue des rues de Paris, épine dorsale du mastodonte, aboutit à la fondation du pieux roi dont elle a pris et gardé le nom. J'avais donc droit de compter, après les divers accidents de la nuit, sur un calme relatif jusqu'au terme de ma course. Vain espoir! A un endroit de la rue Saint-Maur, endroit difficile à préciser, vu le petit nombre de mauvaises lanternes borgnes placées par pitié sur cette incommensurable étendue de terrain, mais à vue de pays, entre la rue des Trois-Couronnes et de l'Orillon, je sentis dans l'obscurité épaisse où j'étais blotti et dans l'espace devenu plus étroit par l'adjonction faite à l'hôpital Saint-Antoine, je sentis une main se poser sur ma joue; une main!

— Une main! une main, dites-vous?

— Oui, Marthe, une main.

— Ah! mon Dieu!

Mme Kanali allongea sa tête entre les rameaux de la haie d'arbustes qui, en certains endroits, allaient d'un arbre à l'autre, et elle écouta avec des frémissements de terreur. J'entendais son souffle bruire dans sa poitrine tendue.

— Cette main !... c'est émouvant, dit le docteur ; j'ai traversé bien des situations dans ma vie... celle-là... oh ! celle-là !

— Oui, c'est bien effrayant, répondis-je, mais écoutons.

— Mon sang, continua Caseneuve, reflua en masse vers mon cœur, qui sembla vouloir sortir de ma poitrine ; il me montait au gosier. Le froid de cette main m'entra dans les chairs comme cinq griffes de glace, et si profondément que je crus que l'un de ces cinq terribles doigts pénétrait et fouillait dans mon crâne. La situation s'éleva un instant en moi au sommet vertigineux de la folie. J'y vis rouge ; j'entendis comme un bruit monotone de cloches à mes deux oreilles : c'était le sang qui bondissait au cerveau et faisait irruption.

Marthe jeta ses deux bras autour du cou de César et le regarda, ses yeux dans ses yeux, son cœur dans son âme, avec l'intérêt immense, indescriptible, qu'on a pour l'objet aimé qui raconte un péril éprouvé, un péril si grand qu'on croit ce péril encore présent.

Un autre intérêt se joignait à celui-là dans le cœur de Marthe, celui bien profond, bien sérieux, bien consolant, qui naissait d'une conviction désormais acquise à toujours pour elle : sa mère s'était fanatiquement trompée en classant ce pauvre jeune homme, si brave à force d'amour, dans la catégorie de ceux qui trompent la tombe pour venir sur la terre de la lumière satisfaire des appétits immondes aux dépens des vivants. C'est lui, c'est son bien-aimé Caseneuve, qui était menacé, à cet endroit de son effroyable poëme, de devenir la victime de quelque brucolaque, de quelque vampire !

Enserrant Marthe, tout heureuse et toute frissonnante contre son cœur, César continua ainsi :

— Ce serait suivre servilement la gamme chromatique des vieux romans que de vous dire, chère Marthe, que je poussai un grand cri au contact glacé de cette main. On ne pousse pas de cri dans la situation où je me trouvais comprimé : la voix tombe, au contraire, dans les cavités de la poitrine, et le gosier se ferme sur elle. On ne respire plus, on ne voit plus. Les oreilles continuaient à me sonner, à me gronder, à me bourdonner autour du front. Cependant, comme je ne voulais pas mourir, je m'imprimai une secousse outrée, désespérée, comme fait celui qui se noie en touchant le fond, et, me soulevant, car vous n'avez pas oublié que j'étais toujours couché sur le dos, je décollai la main de marbre plaquée sur ma joue; je la repoussai loin de moi avec horreur. Mais cette main, revenant instantanément, s'appliqua cette fois sur ma poitrine qu'elle saisit et fronça avec une force au moins égale à celle que j'avais mise à la rejeter de côté. Moi, alors, je passai mon bras sur le bras qui m'empoignait dans le linge et dans les chairs, et j'allai saisir le coude qui me comprimait la poitrine. Quelle lutté que cette lutte dans la nuit, dans l'étouffement, dans le silence ! A qui avais-je donc affaire dans ces ténèbres ? Un souffle passa dans mes cheveux, courut sur mon visage et précéda ces paroles qui avaient l'air de sortir

de je ne sais plus qui autour de moi :
« Êtes-vous mort ou vivant ? » J'eus assez de
force pour répondre : « Vivant ! — Très-
bien ! moi aussi je suis vivant ; mais, dites-
moi, comment diable vous trouvez-vous dans
ce phaéton gracieux ? — Ce serait bien long à
vous dire, balbutiai-je, encore asphyxié par
l'inouï de l'événement. — On ne vous a pas
mis ici par erreur, je suppose... — Non,
pas par erreur. — C'est qu'en ce moment,
reprit mon interlocuteur funéraire, il y a à
Paris de bons parents, de braves héritiers
qui profitent de la rapidité avec laquelle on
sort de la vie pour vous en faire sortir encore
un peu plus tôt afin d'hériter plus vite. Mais
alors, continua-t-il, pourquoi êtes-vous dans
ce boudoir ? Pardon pour ma curiosité, mais
vraiment, quand on n'a pas un motif comme
le mien pour s'y fourrer... je ne sais pas...
je ne vois pas quel autre motif... Du reste,
le mien, le voici... Parbleu ! je puis vous le
dire. C'est de jeune homme à jeune homme,
n'est-ce pas ? car, à votre voix, je devine
sans peine que vous êtes encore dans l'âge
heureux des parties de billard, des parties
de domino, des parties d'écarté, des parties

fines chez Pinson, des flâneries, le cigare à la bouche, à la brasserie du Luxembourg, des bals aux Capucins et au Prado. Monsieur, je sors justement du Prado ; et vous ? — Je n'en sors pas. — Tant pis ! *c'est un riant séjour,* dirait M. Prud'homme, *on y boit entre les ris et l'amour.* Donc, je sors du Prado et je rentre à l'hôpital Saint-Louis où je suis interne. Vous voyez comme j'interne. Ce gracieux véhicule me ramène à mon hôtel... Dieu. Plaisanterie à part, parlons sérieusement : qui êtes-vous ? On veut un peu savoir ici-bas avec qui l'on voyage.

« — Je suis interne comme vous, répondis-je. — Vous êtes interne ! et à quel établissement royal êtes-vous attaché ? — J'étais, en dernier lieu, interne au Val-de-Grâce. — Que je me félicite de la rencontre ! Mais alors je poursuis, je continue et j'achève : à Saint-Louis, les internes ne sortent que tous les quinze jours, et il faut, moi, que je prenne l'air tous les soirs. J'ai un sentiment rue des Boucheries-Saint-Germain. Comment concilier mes devoirs d'interne et ma tendresse d'amoureux ? l'amphithéâtre et la polka ? Voici comment : je m'esquive le soir avant la fermeture des grilles de l'hospice; je descends dans Paris; je vais au café, au bal, à mon bonheur, enfin, jusqu'à onze heures, et pour rentrer... Ah! pour rentrer c'est un peu plus difficile, c'est même impossible. Aussi, qu'ai-je fait?

« Ayant remarqué que cette riante tapissière, avant de s'arrêter à Saint-Louis, s'arrêtait, dans son parcours, à Saint-Antoine; qu'à cette station elle était pendant six minutes environ entièrement sans surveillant, j'ai agi en conséquence de toutes ces bonnes observations. Profitant de l'absence momentanée des trois hommes commis à sa garde, je l'escalade par derrière, je m'y tapis, et elle me ramène à Saint-Louis chaque soir. A Saint-Louis, je saisis le moment où les trois hommes vont boire chez le marchand de vin placé en face de la grille; je sors de mon brillant équipage et je grimpe à ma chambre d'interne, pour en descendre ensuite à deux heures après minuit, et faire mon service jusqu'au jour. Voilà, cher et aimable compagnon de route, la cause de mes absences et le motif de ma présence parmi ces ombres.

« — Eh bien! dis-je un peu rassuré à mon

jeune camarade et confrère, votre histoire est presque la mienne. — Pas possible ! oh ! non. — C'est la vérité, repris-je ; seulement nous nous servons de cette voiture, vous, au retour de vos rendez-vous d'amour ; moi, pour aller aux miens. — Et où donc ? — De l'autre côté du canal, répondis-je, à la maison de santé du faubourg Saint-Denis. — J'ai compris. Oh ! admirable ! Ainsi, nous sommes deux qui avons eu l'idée de recourir au même moyen étrange, inouï au monde, depuis qu'il est monde, pour voir nos adorées. O amour et chirurgie ! s'écria l'interne, et qui sait, se reprit-il pour dire avec une adorable naïveté, qui sait ?... Il y a peut-être un troisième jeune homme avec nous dans cet espace pourtant si peu fait pour recevoir... »

Nous n'eûmes pas le temps de vérifier le fait ; la voiture nécrologique entrait dans la première cour de l'hôpital Saint-Louis, roulant sur ce pauvre sable gris et ce triste gazon jaune qui en émaille la cour. Ce que mon joyeux interne m'avait dit se réalisa à la lettre.

La voiture une fois arrêtée, les trois hommes se hâtèrent, avant toute livraison d'autres voyageurs pris sur place, d'aller faire leurs évolutions habituelles chez le marchand de vin, débitant attardé, dont la boutique n'avait plus d'ouvert, à cette heure avancée de la nuit, qu'un seul côté, mais ce côté était pour eux. Pendant qu'ils remplissaient leurs verres, mon compagnon de route me dit adieu; il me serra la main avec cette main que la peur m'avait fait trouver glacée, et d'ombre en ombre projetée sur le pavé par les vieux murs de l'antique établissement de Saint-Louis, il se glissa jusqu'à une porte par où il monta sans bruit, comme il me l'avait dit, à sa chambre d'interne, et il s'y coula de manière à laisser croire à la maison qu'il n'en avait pas quitté les combles de la nuit entière.

Un autre et dernier événement marqua mon trajet de la construction du pieux roi saint Louis à votre maison, dit César à Marthe : nous traversâmes le canal Saint-Martin sans que le moindre accident rappelât chez mes trois hommes l'intention manifestée par eux au commencement de la soirée de se débarrasser de leur fardeau dans les noires profondeurs de ces eaux stagnantes. Mais,

19.

dans la vieille rue des Récollets, entre le faubourg Saint-Martin et le faubourg Saint-Denis, je faillis moi-même perdre en un instant le fruit de ma constance, de ma fermeté, et j'ai peut-être le droit de dire de mon héroïsme malgré mes mortelles transes.

— Qu'est-ce donc? demanda Marthe, qui croyait être sortie pour toujours d'un rêve terrible.

— J'ai l'habitude, acheva César, quand je me trouve dans l'obscurité et que je veux savoir l'heure, de faire sonner le timbre de ma montre. Cette nuit-là, je ne réfléchis pas aux conséquences de cet acte si indifférent en toute autre circonstance. Je pousse le bouton de ma montre, et, au troisième coup argentin frappé par le timbre, le charretier retient tout net ses chevaux, et je l'entends dire à ses acolytes : « N'avez-vous pas entendu? — Quoi? Non. — Il y a une montre à répétition là-dedans, très-certainement une montre d'or... On expédie si vite le monde maintenant... On aura oublié de lui retirer sa montre... N'allons pas plus loin, examinons la chose... elle en vaut la peine... — Allons toujours, au contraire, dit l'un des deux confidents auxquels le charretier s'adressait, il n'y a pas plus de montre que de pendule là-dedans. — T'es encore ému, voilà, dit l'autre. — Mais non ! — Mais si ! — Voyons ! combien de coups as-tu entendu sonner? — Comme on dirait trois coups. — Eh bien ! voilà qui prouve que tu dors et que tu rêves, car il est minuit... Tu aurais entendu sonner douze coups. — C'est, ma foi, vrai ! murmura Fromentin. — Et puis, réfléchis, reprit l'autre : les montres à répétition ne sonnent pas toutes seules dans ce pays-ci. Si tu avais entendu sonner là-dedans... il y aurait donc quelqu'un là-dedans... quelqu'un de vivant... — Ma foi ! c'est encore fièrement vrai. — Tu auras rêvé pendule. Voilà ! »

Le dialogue s'arrêta là. Mais avais-je couru encore un assez beau danger !... Si Fromentin n'avait entendu sonner que trois coups sur douze, c'est que, m'apercevant de ma rare imprudence, j'avais, au troisième coup, mis la montre dans ma bouche afin d'en étouffer le son.

César s'arrêta un instant pour reprendre ainsi :

— Je vous ai raconté, chère Marthe, ma

première nuit de voyage avec les ombres; les quatre autres nuits qui suivirent ont été également marquées par des événements peu calmes, vous le supposez, mais aucune n'a été aussi tragiquement accidentée que la première, celle dont ma loyauté vous devait la relation.

— Eh quoi! s'écria Marthe, voilà cinq nuits!...

Elle porta sa main à ses yeux pour ne plus voir, même en souvenir, les tableaux de cette relation.

Involontairement ses lèvres pâlies murmurèrent à plusieurs reprises : Cinq nuits... cinq nuits !

— Oui, voilà cinq nuits, redit à son tour César Caseneuve, que je mets en usage les mêmes moyens, la même ruse pour entrer ici, pour vous voir, pour vous dire ce qu'il y a de plus doux au monde : *Je vous aime;* ce qu'il y a de meilleur : *Je vous aimerai toute la vie;* enfin, pour vous dire, ce soir, que nous ne nous quitterons plus, que nous ne nous quitterons jamais! Silence!... s'interrompit Caseneuve; silence! écoutons.

— C'est le quart de minuit qui sonne. dit Marthe.

— Alors c'est le moment de partir, dit Caseneuve en se levant.

Marthe se leva aussi.

— Vous sentez-vous le courage, lui dit César, l'immense courage, pour être libre, pour être à vous, pour être à moi, de monter dans cette même... dans cette même... ch se qui m'a mené ici et qu'en ce moment aucun gardien ne surveille... oh! j'ai bien calculé mon temps... et d'y rester enfermée avec moi jusqu'à la barrière?

Marthe chancela. Sa main, qui s'appuya sur l'épaule de Caseneuve, l'empêcha de tomber.

— A cette barrière, continua César, elle s'arrête une dernière fois; et une dernière fois les trois hommes qui l'escortent vont boire au cabaret de la butte Montmartre. Elle se trouve pendant quelques minutes encore toute seule sur le boulevard extérieur. Nous profitons de cet instant, nous fuyons, nous sommes libres! Une fois libres, vous écrivez à votre père... mais nous n'avons pas une minute, une seconde à perdre. Il faut partir, il faut me suivre... Maintenant ou jamais, voulez-vous? Ah! vous hésitez!... Eh bien! n'hésitez pas, Marthe, faites mieux, refusez.... C'est un horrible moyen, il est horrible, mille fois horrible!

— Marchons! dit Marthe en prenant le bras de Caseneuve, marchons.

— Venez donc!

Ils partirent.

Ils n'allèrent pas loin.

Entre le bout de l'allée qu'ils parcoururent en courant et la grille de la maison, le docteur, cette fois, mieux sur ses gardes que les précédentes, arrêta au passage les jeunes fugitifs. Ils furent pris. Mais là, pendant que Mme Kanali embrassait Marthe, pour laquelle elle n'avait plus à craindre les tendresses meurtrières d'un vampire, le docteur disait à César, en le pressant dans ses bras, qu'il lui donnait sa fille, puisqu'il s'était montré, par son rare et beau courage, digne d'être son gendre et médecin comme lui.

Quelques jours après, ils quittaient tous les quatre Paris et la France pour se rendre en Amérique, où le docteur Kanali se proposait, avec une joie un peu colorée de haine contre la France, d'embaumer le président des États-Unis.

F N.

COLLECTION HETZEL

Chez tous les Libraires de France et de l'Étranger.

SÉRIE IN-18 A 3 FRANCS 50

LA MORALE UNIVERSELLE

Choix de Maximes tirées des moralistes de tous les pays et constituant, pour chaque nation, l'esprit de ses meilleurs écrivains.

L'ESPRIT DES ANGLAIS.	1 vol.
L'ESPRIT DES ITALIENS.	1 vol.
L'ESPRIT DES ESPAGNOLS.	1 vol.
L'ESPRIT DES ORIENTAUX.	1 vol.
L'ESPRIT DES LATINS.	1 vol.
L'ESPRIT DES GRECS.	1 vol.
L'ESPRIT DES ALLEMANDS.	1 vol.
L'ESPRIT DES FRANÇAIS MODERNES (sous presse).	1 vol.

LA VIE DES ANIMAUX

HISTOIRE NATURELLE ANECDOTIQUE ET BIOGRAPHIQUE DES ANIMAUX, par le docteur Jonathan Franklin.

Cet ouvrage, entièrement inédit, d'un savant naturaliste anglais, a été recueilli, mis en ordre, revu et traduit par M. Alphonse ESQUIROS, et est considéré dès à présent comme un classique à l'usage de la jeunesse.

Mammifères.	2 vol.
Oiseaux.	1 vol.
Reptiles.	1 vol.
Le monde des eaux.	1 vol.
Le monde des métamorphoses.	1 vol.
Le monde microscopique (sous presse).	1 vol.
La vie des plantes (sous presse).	1 vol.
La terre avant l'homme (sous presse).	1 vol.

ALFRED DE BRÉHAT.

HISTOIRES D'AMOUR (2ᵉ édition)	1 vol.

ÉMILIE CARLEN.

UN BRILLANT MARIAGE	1 vol.

ÉMILE BOSQUET.

LOUISE MEUNIER.	1 vol.

COLOMBEY.

LES CAUSES GAIES.	1 vol.
L'ESPRIT AU THÉÂTRE.	1 vol.

E. DESCHANEL.

LA VIE DES COMÉDIENS (biographies, mémoires, anecdotes, chroniques anciennes et modernes).	1 vol.

ALPHONSE ESQUIROS.

L'ANGLETERRE ET LA VIE ANGLAISE.	1 vol.
Seconde série.	1 vol.

GRAMMONT (Comte de).
Les Gentilshommes pauvres.................. 1 vol.
Les Gentilshommes riches................... 1 vol.

VICTOR HUGO.
Les Enfants (Le Livre des mères). — Recueil de tout ce que le poëte a dit des enfants........... 1 vol.
Les Contemplations........................ 2 vol.

LAMARTINE.
Antoniella (en préparation)................ 1 vol.

JULES JANIN.
Critiques et Portraits..................... 1 vol.
Variétés littéraires....................... 1 vol.

THÉOPHILE LAVALLÉE.
Histoire de la Turquie, depuis ses origines jusqu'à nos jours............................... 2 vol.
Histoire de Madame de Maintenon (sous presse)...

MACAULAY.
Histoire et Critique, traduit par Lisse et Petroz... 1 vol.

ADRIEN PAUL.
Un Anglais amoureux. 1 vol................. 2 fr.

RUFFINI.
Découverte de Paris par une famille anglaise.... 1 vol.

GEORGE SAND.
Les Beaux Messieurs de Bois-Doré........... 2 vol.
Flavie.................................... 1 vol.
Les Dames vertes......................... 1 vol.
Promenades autour de mon village........... 1 vol.

P.-J. STAHL.
Voyage d'un étudiant et ses suites variées (de Paris à Baden) (2ᵉ édition)....................... 1 vol.
Histoire d'un homme enrhumé et autres histoires. — Souvenirs d'un voyage de Baden à Cologne.... 1 vol.
Petit Dictionnaire des Vices et des Vertus des Femmes (sous presse)......................... 1 vol.
De l'esprit en France (sous presse).......... 1 vol.
Bêtes et Gens (sous presse)................ 2 séries.

CLAUDE SAUVAGE.
Les Guêpes gauloises (Encyclopédie des épigrammes en vers)............................... 1 vol.

MAX RADIGUET.
Les Derniers Sauvages..................... 1 vol.

CHARLES ROZAN.
Les Petites Ignorances de la Conversation..... 1 vol.

CHARLES DUCOM.
Nouvelles gasconnes....................... 1 vol.

LAURENT PICHAT.
Gaston................................... 1 vol.

ADRIEN ROBERT.
Le Nouveau roman comique................. 1 vol.

SÉRIE IN-18 A 3 FRANCS

ADRIEN PAUL.
Blanche Mortimer. . . . . 1 vol.
Une Dette de jeu. . . . . 1 vol.

BELLOY (Marquis de).
Les Toqués. 1 vol.

A. DE BERNARD.
Pauvre Matthieu. . . . . 1 vol.
Stations d'un touriste. . . . . 1 vol.
Les Frais de la guerre. . . . . 1 vol.

ALFRED DE BRÉHAT.
Les petits romans (2ᵉ édition). . . . . 1 vol.
Les Jeunes amours. — Mœurs parisiennes (2ᵉ édition) . 1 vol.
Un Drame a Calcutta. . . . . 1 vol.

CARLETON
Romans champêtres irlandais. — Traduction de Léon de Wailly. . . . . 1 vol.

CHAMPFLEURY.
La Bohème bourgeoise (en préparation). . . . . . 1 vol.

CHAMFORT (édition Stahl).
Deuxième édition précédée de l'Histoire de Chamfort, par Stahl, contenant les Pensées, Maximes, Anecdotes et Dialogues, augmentée de Pensées et Fragments complétement inédits, suivie des Lettres de Mirabeau à Chamfort, la seule qui soit accompagnée d'un Index alphabétique pour chaque Pensée, Anecdote ou Fragment.

COLOMBEY.
Histoire anecdotique du duel dans tous les temps et dans tous les pays (2ᵉ édition) . . . . 1 vol.

PAUL DELTUF.
Mademoiselle Fruchet. . . . . 1 vol.
Adrienne. . . . . 1 vol.
Jacqueline Voisin. . . . . 1 vol.

ERCKMANN-CHATRIAN.
Contes de la montagne. . . . . 1 vol.
Maitre Daniel Rock. . . . . 1 vol.

E. FORGUES.
Une Parque. 1 vol.
La Femme en blanc. . . . . 2 vol.

ARNOULD FRÉMY.
Journal d'une jeune Fille pauvre . . . . 1 vol.

BENJAMIN GASTINEAU.
Les Amours de Mirabeau, suivis des Lettres choisies de Mirabeau et de la marquise de Monnier. . . . 1 vol.
Les Femmes et les Mœurs en Algérie. . . . . . . 1 vol.

THÉOPHILE GAUTIER.

HISTOIRE DU THÉATRE EN FRANCE DEPUIS VINGT ANS. — Extrait de tout ce que l'auteur a écrit sur les théâtres, recueilli et classé dans son ordre naturel, avec Table indicative de toutes les Œuvres et de tous les personnages, auteurs et acteurs nommés dans le courant de l'ouvrage. . . . . 6 vol.

GREEVES.
COMÉDIES PARISIENNES. . . . . 1 vol.

LÉON GOZLAN.
LE FAUBOURG MYSTÉRIEUX. . . . . 2 vol.

ÉDOUARD GRENIER.
POËMES DRAMATIQUES. . . . . 1 vol.

F. HUET.
HISTOIRE DE BORDAS-DEMOULIN. . . . . 1 vol.

JULES JANIN.
LA FIN D'UN MONDE. . . . . 1 vol.

DE JANCIGNY.
HISTOIRE DE L'INDE, ancienne et moderne. . . . . . 1 vol.

JOBEY.
L'AMOUR D'UNE BLANCHE. — Mœurs créoles. . . . . . 1 vol.

JULIETTE LAMBER.
MON VILLAGE. . . . . 1 vol.
UN MANDARIN A PARIS. . . . . 1 vol.

THÉOPHILE LAVALLÉE.
JEAN SANS-PEUR, scènes historiques. . . . . 1 vol.

MACÉ.
HISTOIRE D'UNE BOUCHÉE DE PAIN. . . . . 1 vol.

MANÉ-THÉCEL-PHARÈS.
HISTOIRES D'IL Y A VINGT ANS. . . . . 1 vol.

P.-J. MARTIN.
LES PETITES TRIBULATIONS DE LA VIE HUMAINE. . . . 1 vol.
LES BONNES BÊTISES. . . . . 1 vol.
L'ESPRIT DE TOUT LE MONDE. . . . . 1 vol.

HENRI MONNIER.
LA SAGESSE DE M. PRUDHOMME . . . . 1 vol.
NOUVELLES SCÈNES POPULAIRES. . . . . 1 vol.

MARC MONNIER.
GARIBALDI. — Conquête des Deux-Siciles. . . . . . . 1 vol.

E. MULLER.
MADAME CLAUDE (2ᵉ édition) . . . . 1 vol.

NEFFTZER (publié par).
NOUVELLES ALLEMANDES. . . . . 2 séries.
THÉATRE ALLEMAND. . . . . 2 séries.
LA BLONDE LISBETH. . . . . 1 vol.

JUSTE OLIVIER.
LE BATELIER DE CLARENS. . . . . 2 vol.

PAUL PERRET.
MADEMOISELLE DU PLESSÉ. . . . . 1 vol.

RENÉ DE PONT-JEST.
Le Fire-Fly, souvenirs de l'Inde et de la Chine. . . 1 vol.
RUFFINI.
Le Docteur Antonio, traduit par Octave Sachot. . . . 1 vol.
GEORGE SAND.
Théatre complet. . . . . 3 vol.
Constance Verrier. . . . . 1 vol.
Les Amours de l'age d'or. . . . . 1 vol.
Autour d'une table (sous presse). . . . . 1 vol.
Critiques et Études littéraires (sous presse). . . . 1 vol.
AURÉLIEN SCHOLL.
Histoire d'un premier amour. . . . . 1 vol.
Les Amours de théatre (sous presse). . . . . . . 1 vol.
P.-J. STAHL.
Les Bonnes Fortunes de plusieurs Parisiens, souvenirs
 de jeunesse (en préparation). . . . . 1 vol.
Petit Dictionnaire de morale (en préparation). . . . 1 vol.
THIERS.
Histoire de Law. . . . . 1 vol.
IVAN TOURGUENEF.
Une Nichée de Gentilshommes. . . . . 1 vol.
LOUIS ULBACH.
Monsieur et Madame Fernel (4ᵉ édition). . . . . . 1 vol.
JULES VIARD.
Les Mille Joies de la vie humaine. . . . . 1 vol.
CLAUDE VIGNON.
Jeanne de Mauguet. . . . . 1 vol.
Récits de la vie réelle. . . . . 1 vol.
AUGUSTE VILLEMOT.
La Vie a Paris, avec une Étude sur l'Esprit en
 France, par P.-J. Stahl. . . . . 2 vol.
CLÉMENT.
Raphael, Michel-Ange, Léonard de Vinci, Catalogues
 raisonnés, édition elzévirienne, titre en trois cou-
 leurs. 1 vol. in-18. . . . . 5 fr.
E. ABOUT.
Rome contemporaine. 1 vol. in-8°. . . . . 5 fr.
La Question romaine. 1 vol. in-8°. . . . . 4 fr.
PROUDHON.
La Guerre et la Paix. 2 forts vol. in-18. . . . . . 7 fr.

COLLECTION HETZEL, ILLUSTRÉE
ÉDITIONS TRÈS-RICHES DE LUXE, SUR VÉLIN, GRAND IN-8°.

La Comédie enfantine, par Louis Ratisbonne (2ᵉ édit.),
 illustrée par Froment et Gobert. . . . . 10 fr.
Le Renard de Goethe, traduit par Éd. Grenier, illustré
 par Kaulbach. . . . . 10 fr.
Les Romans champêtres, de George Sand (La Mare au
 Diable, François le Champi, André, la Petite Fa-
 dette), 2 séries illustrées par Tony Johannot. . . 20 fr.
Le Vicaire de Wakefield, traduit par Nodier, 10 ma-
 gnifiques gravures sur acier, par Tony Johannot. . 10 fr.

COLLECTION HETZEL ET LÉVY IN-32
FORMAT DE POCHE A 1 FRANC

MIMI PINSON, par A. de Musset. 1 v.
THÉATRE COMPLET d'Em. Augier. 5 v.
LA FEMME DANS LES TEMPS ANCIENS, par J. Baissac. 1 v.
LA FEMME DANS LES TEMPS MODERNES, par le même. 1 v.
LES FEMMES, par de Balzac. 1 v.
MAXIMES ET PENSÉES, par le même. 1 vol.
LES MAITRESSES A PARIS, par Léon Gozlan.
HISTOIRE DE LA MODE EN FRANCE, par Em. de La Bédollière. 1 v.
M. DE BOIS-D'HYVER, par Champfleury. 3 v.
L'HOMME AUX CINQ LOUIS D'OR, par L. Ulbach. 2 v.
PHYSIONOMIES CONTEMPORAINES, par de Belloy. 1 v.
PORTRAITS ET SOUVENIRS, par le même. 1 vol.
LES MORALISTES OUBLIÉS, par Bougeard. 1 vol.
LE BIEN QU'ON A DIT DE L'AMOUR (2e édit.), par Em. Deschanel. 1 v.
LE MAL QU'ON A DIT DE L'AMOUR, par le même.
LE BIEN ET LE MAL QU'ON A DITS DES ENFANTS, par le même. 1 v.
LE MAL QU'ON A DIT DES FEMMES (4e édit.), par le même. 1 v.
LE BIEN QU'ON A DIT DES FEMMES (2e édit.), par le même. 1 v.
LES COURTISANES GRECQUES (3e éd.), par le même. 1 v.
HISTOIRE DE LA CONVERSATION, par le même. 1 v.
EXCENTRICITÉS AMÉRICAINES, par X. Eyma. 1 v.
AVATAR, par Théoph. Gautier. 1 v.
LA JETTATURA, par le même. 1 v.
UN CHINOIS EN ANGLETERRE, par Goldsmith.
LE BEAU PÉCOPIN, par V. Hugo. 1 v.
LE DERNIER JOUR D'UN CONDAMNÉ. —Claude Gueux, par le même. 1 v.
LA COMTESSE D'EGMONT, par Jules Janin. 1 v.
BALZAC EN PANTOUFLES, par Léon Gozlan. 1 v.
UN DRAME A CALCUTTA, par Alfred de Bréhat. 1 v.
SERAPHINA DARISPE, par le même. 1 vol.
LE CHATEAU DE KERMARIA, par le même. 1 v.

ABEILLE, par A. Dequet. 1 vol.
LÉGENDES AMOUREUSES DE L'ITALIE, par Paul Perret. 1 vol.
UNE SOIRÉE DANS L'AUTRE MONDE, par Léon Gozlan. 1 v.
COMMENT ON VIENT ET COMMENT ON S'EN VA, par de Grammont. 1 v.
COMMENT ON SE MARIE, par de Grammont. 1 v.
CE QU'ON A DIT DE LA FIDÉLITÉ ET DE L'INFIDÉLITÉ, par Larcher. 1 vol.
LA CUISINIÈRE POÉTIQUE, par Monselet. 1 v.
MUSÉE SECRET DE PARIS, par le même. 1 v.
MISANTHROPIE SANS REPENTIR, par Laurent Jan. 1 v.
COMÉDIES BOURGEOISES, par Henri Monnier. 1 v.
LES PETITES GENS, par le même. 1 vol.
SCÈNES PARISIENNES, par le même. 1 vol.
CROQUIS A LA PLUME, par le même. 1 vol.
GALERIE D'ORIGINAUX, par le même. 1 vol.
LES BOURGEOIS AUX CHAMPS, par Hellouin. 1 v.
AU PRINTEMPS DE LA VIE, par L. Ratisbonne.
VOYAGE OU IL VOUS PLAIRA, par Alfred de Musset et P.-J. Stahl. 1 vol.
LES BIJOUX PARLANTS, par P.-J. Stahl. 1 v.
L'ESPRIT DES FEMMES (6e édit.), par le même. 1 v.
HISTOIRE D'UN PRINCE (2e édit.), par le même. 1 v.
THÉORIE DE L'AMOUR ET DE LA JALOUSIE, par le même. 1 v.
L'ESPRIT DE VOLTAIRE, par le même. 1 v.
L'ESPRIT DE DIDEROT, par C. Jolliet. 1 v.
L'ESPRIT DE MADAME DE GIRARDIN, par Spoll (sous presse).
L'ESPRIT DE STERNE, par le même.
LE RENARD, de Gœthe, trad. par Édouard Grenier. 1 v.
LA VIE DES FLEURS, par Eugène Noel. 1 v.
RABELAIS, par le même. 1 v.

IMPRIMERIE DE J. CLAYE, 7, RUE SAINT-BENOIT.

Collection Hetzel à 3 fr. 50 le volume.

LA MORALE UNIVERSELLE :
Esprit des Anglais............ 1 vol.
Esprit des Italiens........... 1 »
Esprit des Allemands......... 1 »
Esprit des Espagnols.......... 1 »
Esprit des Franç. modernes... 1 »
Esprit des Orientaux.......... 1 »
Esprit des Grecs.............. 1 »
Esprit des Latins............. 1 »
LA VIE DES ANIMAUX. — Histoire naturelle biographique et anecdotique, par le dr Jonathan Franklin, trad. par Esquiros........ 6 vol.
L'ANGLETERRE ET LA VIE ANGLAISE, par Alph. Esquiros........ 2 vol.
MACAULAY. — Histoire et critique .... 1 vol.
HISTOIRE DE LA TURQUIE, par Théophile Lavallée, jusqu'en 1856. 2 vol.
PROMENADES AUTOUR D'UN VILLAGE, par George Sand........... 1 vol.
LES DAMES VERTES (Sand).... 1 vol.
LES BEAUX MESSIEURS DE BOIS-DORÉ, par George Sand..... 2 vol.
FLAVIE, par George Sand. 1 vol.
VARIÉTÉS LITTÉRAIRES, par Jules Janin........................ 1 vol.
CRITIQUE, PORTRAITS et CARACTÈRES CONTEMPORAINS, par J. Janin. 1 vol.
LES DERNIERS SAUVAGES, par Max Radiguet.................... 1 vol.
LES NOUVELLES GASCONNES, par Ducom....................... 1 vol.

GASTON, par Laurent Pichat. 1 vol.
DÉCOUVERTE DE PARIS PAR UNE FAMILLE ANGLAISE, par Ruffini. 1 vol.
LES CONTEMPLATIONS (V. Hugo). 2 v.
LA VIE DES COMÉDIENS, par E. Deschanel...................... 1 vol.
HISTOIRE D'UN HOMME ENRHUMÉ, par P.-J. Stahl............ 1 vol.
VOYAGE D'UN ÉTUDIANT — DE PARIS A BADEN, par P.-J. Stahl.. 1 vol.
LES CAUSES GAIES, par Em. Colombey.................. 1 vol.
L'ESPRIT AU THÉATRE, par Em. Colombey.................. 1 vol.
LES GUÊPES GAULOISES, par Claude Sauvage................... 1 vol.
LES GENTILSHOMMES PAUVRES, par le comte F. de Gramont.. 1 vol.
LES GENTILSHOMMES RICHES, par le même.................. 1 vol.
LES ENFANTS, par V. Hugo. 1 vol.
LOUISE MEUNIER (E. Bosquet). 1 vol.
PETITES IGNORANCES DE LA CONVERSATION, par Rozan....... 1 vol.
LE NOUVEAU ROMAN COMIQUE, par Adrien Robert............ 1 vol.
THÉORIE DE L'IMPÔT, par P.-J. Proudhon................... 1 vol.

En préparation :

ANTONIELLA, par Lamartine. 1 vol.
LES BONNES FORTUNES DE PLUSIEURS PARISIENS, par P.-J. Stahl.. 1 vol.

Série à 3 fr. le volume.

CONSTANCE VERRIER (Sand). 1 vol.
THÉATRE COMPLET (Sand).. 3 vol.
AUTOUR D'UNE TABLE (Sand). 1 vol.
VARIÉTÉS LITTÉRAIRES (Sand). 1 v.
M. et Mme FERNEL, par Louis Ulbach...................... 1 vol.
HISTOIRE DE LAW, par Thiers. 1 vol.
CHAMFORT (édition Stahl). 1 vol.
ADRIENNE, par P. Deltuf. 1 vol.
JACQUELINE VOISIN, par Paul Deltuf...................... 1 vol.
HISTOIRE DE SAINT-CYR, par Théophile Lavallée............... 1 vol.
LE FAUBOURG MYSTÉRIEUX, par Léon Gozlan................... 2 vol.
MON VILLAGE, par J. Lambert. 1 vol.
CONTES DE LA MONTAGNE, par Erckmann-Chatrian........ 1 vol.
LA BLONDE LISBETH, par Immermann, — préface de Nefftzer. 1 vol.
BLANCHE MORTIMER, par Adrien Paul................... 1 vol.

HISTOIRE D'UN PREMIER AMOUR, par Aurélien Scholl........ 1 vol.
Mlle DU PLESSÉ (P. Perret). 1 vol.
JEAN SANS PEUR, par Th. Lavallée..................... 1 vol.
HISTOIRE ANECDOTIQUE DU DUEL, par Colombey............. 1 vol.
GARIBALDI, CONQUÊTE DES DEUX-SICILES, par Marc Monnier. 1 vol.
JOURNAL D'UNE JEUNE FILLE PAUVRE, par Arnould Frémy...... 1 vol.
JEANNE DE MAUGUET, par Claude Vignon................... 1 vol.
RÉCITS DE LA VIE RÉELLE, par le même..................... 1 vol.

En préparation :

UN ROMAN BOURGEOIS, par Champfleury.................. 1 vol.
MAXIMES ET PENSÉES OU LA SAGESSE DE M. PRUDHOMME, par Henri Monnier................... 1 vol.

www.ingramcontent.com/pod-product-compliance
Lightning Source LLC
Chambersburg PA
CBHW070851170426
43202CB00012B/2027